KB265967

워런 버핏의 서재

· **일러두기**

1. 이 책은 워런 버핏이 직접 추천하거나 언론 등에서 반복적으로 언급한 도서를 중심으로 구성했다. 단, 버핏의 투자 철학을 입체적으로 조명하기 위해 그의 사고 체계와 밀접하게 맞닿아 있는 일부 문헌을 저자들의 시각으로 연결해 함께 수록했다.

2. 본문에 수록된 도서의 제목과 저자명은 국립국어원의 외래어 표기법을 따르는 것을 원칙으로 했다. 단, 이미 국내에 출간되어 널리 통용되는 제목이나 고유명사의 경우, 독자의 이해를 돕기 위해 관용적인 표현을 그대로 사용했다.

3. 도서 정보 중 출판사, 발행 연도 등은 국내 번역본이 있는 경우 해당 판본을 기준으로 하되, 미출간 도서의 경우 원전Original Edition을 기준으로 표기했다.

4. 본문에서 인용한 버핏의 발언과 도서 관련 정보는 가능한 범위 내에서 철저히 검증했다. 하지만 방대한 자료를 다루는 과정에서 미처 확인되지 못한 팩트나 해석의 차이가 존재할 수 있음을 미리 밝혀둔다.

가장 안전하고 확실하게 부를 이루는 절대 투자 원칙

워런 버핏의 서재

휴먼라이브러리랩 지음

Inside Warren Buffett's Library

Angle Books

시장의 소음 속에서
본질을 읽는 법

오마하의 어느 사무실, 아침 6시 30분. 한 노인이 조용히 신문을 펼친다. 〈월스트리트 저널〉, 〈파이낸셜 타임스〉, 〈오마하 월드헤럴드〉… 그의 하루는 언제나 대여섯 개의 신문으로 시작된다. 그리고 저녁이 될 때까지 그의 손에는 늘 무언가가 들려 있다. 책이거나, 보고서이거나, 혹은 또 다른 책이다.

워런 버핏. 세상은 그를 가장 위대한 투자자라 부르지만, 정작 그는 숫자보다 이야기를 더 사랑한다. 차트보다는 철학을, 눈앞의 수익률보다는 삶의 의미를 추구한다. "하루에 500페이지씩 읽어라. 지식은 복리처럼 쌓인다"는 그의 말을 스스로 증명하듯, 그는 업무 시간의 80퍼센트를 독서와 사색에 쏟아붓는다. 재무제표 해석서 옆에 『성경』이, 투자 이론서 옆에 심리학 책이 나란히 꽂힌 그의 서재야말로 80년 무패 신화를 만든 진짜 비밀이다.

월스트리트의 전광판이 공포로 물들 때도 그가 평온을 유지할 수 있었던 건, 시장의 소음에 휘둘리지 않는 단단한 원칙이 그 서재에서 길러졌기 때문이다.

버핏이 80년 넘는 세월 동안 증명해 온 '잃지 않는 투자'의 핵심은 3가지 축으로 요약된다. 첫째는 강력한 경제적 해자를 구축해 독점적 지위를 누리는 위대한 기업을 골라내는 안목이다. 둘째는 어떤 상황에서도 손실을 방어하는 안전마진Margin of Safety의 확보이며, 마지막은 이 모든 과정을 견뎌내게 하는 흔들리지 않는 멘털이다. 투자를 일시적인 투기가 아닌 평생의 동반자로 가져가기 위해서는 이 3가지 원칙은 필수라 할 수 있다. 버핏은 이 축을 세우기 위해 필립 피셔를 읽으며 질적 분석의 기초를 학습했고, 벤저민 그레이엄을 통해 안전마진의 철학을 뼈에 새겼으며, 데일 카네기와 고대 스토아 철학자의 지혜를 통해 단단한 마음의 근육을 키웠다.

그렇게 이 책은 버핏의 지혜가 머문 궤적을 따라가는 60권의 여정을 총 2부로 구성하여 담고 있다.

제1부에서는 버핏식 사고의 뿌리가 된 책들을 다룬다. 『벤저민 그레이엄의 증권분석』과 『현명한 투자자』 같은 고전은 물론, 『군중심리』와 『새빨간 거짓말, 통계』를 통해 자본주의 시스템과 인간 본성의 본질을 탐구한다. 또한 『고객의 요트는 어디에 있는가』와 같은 날카로운 풍자서와 『경영의 모험』 같은 생생한 경영 기록을 통해, 버핏이 어떤 시선으로 기업의 독점력과 경영자의 자질을 평가했는지 그 비결을 공개한다.

이어지는 제2부에서는 투자라는 울타리를 넘어 인간과 세상을 이해하려 했던 버핏의 확장된 사유를 만날 수 있다. 찰리 멍거와 함께 고전을 탐독하며 비즈니스의 철학을 완성해가는 과정, 그리고 복잡한 세상 속에서 본질을 꿰뚫는 통찰이 어떻게 탄생했는지를 보여주는 책들이 기다리고 있다.

그리고 마지막 페이지를 덮는 순간, 거장의 이야기는 이제 당신의 일상으로 이어진다. 워런 버핏에게 책이 삶을 기회로 바꾼 '결정적 시간'이었다면, 당신에게 이 책은 나만의 투자 원칙을 세우고 다듬는 '단단한 공간'이 되어줄 것이다. 그러니 지금이라도 시장의 소란스러운 소음에서 잠시 벗어나 당신만의 서재를 만들어가길 바란다. 거장이 걸어온 길과 당신의 여정이 맞닿는 그 지점에서, 비로소 '나도 부자가 될 수 있다'는 믿음과 더불어 평생을 지켜줄 부의 지도가 그 모습을 드러낼 것이다.

차례

제2부. 시장의 소음은 무시하라
복리의 시간을 내 편으로 만드는 법

4장. 신뢰를 얻는 기술 — 설득, 인간관계, 심리

5장. 인생의 원칙과 인간의 품격 — 철학, 성찰, 본질

제1부

흔들리지 않는 기준이 부의 크기를 결정한다

인생의 스노볼이 커지는 결정적 순간들

1장

원칙 위에 세운 투자
- 가치, 분석, 통찰

"투자에서 가장 중요한 것은 복잡한 공식이 아니라
확고한 원칙이다."

『백만장자가 되는 1,000가지 비밀』

원서: One Thousand Ways to Make $1000
저자: F. C. 미네커 (F. C. Minaker, 생몰년 미상)

**"부자가 될 기회는 어디에나 널려 있다.
단지 대다수 사람이 행동하지 않고 기다릴 뿐이다."**

한 권의 책이 있었다. 일곱 살의 워런 버핏은 오마하 공립 도서관의 서늘한 공기 속에서 그 책을 펼치며 비로소 깨달았다. 책 속에 적힌 1,000달러는 머나먼 꿈이 아니라 행동으로 닿을 수 있는 '구체적인 기회'였다는 것을 말이다. 훗날 세계 최고의 투자자가 된 거장의 80년 무패 신화. 그것은 화려한 월스트리트가 아니라 도서관의 낡은 책장 사이에서, "부자가 될 기회는 어디에나 널려 있다. 단지 대다수 사람이 행동하지 않고 기다릴 뿐이다"라는 문장을 마주한 바로 이 순간에 시작되었다.

이 책은 1930년대 대공황의 짙은 그림자가 드리웠던 시절, 절망에 빠진 이들에게 스스로 일어설 수 있다는 믿음을 주기 위해 쓰였다. 저자인 미네이커는 성공이 그저 운이 아닌 철저한 실행의 결과임을 역설하면서, 단돈 1달러로 시작해 부의 토대를 만드는 무수한 비즈니스 모델을 제시한다. 그리고 여기서 어린 소년의 마음을 흔든 것은 자판기 사업의 원리였다. 자판기 한 대가 번 돈으로 다시 두 번째 자판기를 사고, 그렇게 늘어난 기계들이 내가 잠든 시간에도 나를 위해 일하게 만든다는 시스템의 마법. 그것은 버핏이 인생에서 처음으로 마주한 자본주의의 문법이었다.

그날 이후 버핏은 더 이상 평범한 소년으로 머물지 않았다. 신문을 돌리고, 껌을 팔고, 이발소에 핀볼 머신을 설치하며 거리를 누비던 그 모든 과정은 책에서 배운 원칙을 현실로 옮기는 행동이었다. 특히 책 말미의 복리 이자 도표를 마주했을 때의 전율은 그의 삶을 영원히 바꿔놓았는데, 작은 씨앗이 시간이라는 토대 위에서 거대한 숲으로 변화하는 것을 목격한 순간, 그는 복리란 단지 이자율의 공식이 아니라 행동과 행동이 쌓여 만들어내는 '습관의 힘'이라는 사실을 깨달았다. (이러한 실행의 습관은 그를 그저 '읽는' 독자에만 머물게 하지 않았다!)

이 책이 우리에게 정말 특별한 이유는 1,000개의 돈 버는 방법을 제시했기 때문이 아니라, 버핏처럼 그 원리를 흡수한 이가 자신만의 '1,001번째 방법'을 상상하게 만들기 때문이다. 버핏은 증권분석이라는 기술적인 영역에 발을 들이기 전, 이처럼 스스로 사업을 일으키고 세상을 관찰하며 부의 생리를 먼저 몸소 익혔다. 또한 그렇게 다져진 사업가적 감각은 훗날 '위대한 기업'을 단번에 알아보는 독보적인 통찰력의 든든한 뿌리가 되었다. 그의 절대 잃지 않는 투자는 시장의 소음에서 벗어나 자신만의 시스템을 구축하면 반드시 승리한다는, 이 단단한 확신에서 시작된 것이다.

✥ 이렇게 읽어보자!

이 책을 읽을 때, 당신은 어느 순간 '방법'보다 '사람'에 주목하게 될 것이다. 이런 사업을 시작한 사람들은 왜, 어떻게 그 일을 떠올렸을까? 무엇이 그들을 움직였을까?

버핏은 거기서 '투자할 만한 인간형'을 알아보는 눈을 길렀다. 책은 가르쳐주지 않았지만, 버핏은 책의 행간에서 기회의 성격, 실패의 패턴, 반복되는 행동의 힘을 읽어냈다. 오늘날 그는 여전히 말한다. 어릴 때 도서관에서 우연히 집어 든 이 책 한 권이 자신의 삶을 통째로 바꿨다고.

이는 평범한 어린 시절의 감상이 아니다. 그는 이 책에서 세상을 읽는 기술, 돈을 이해하는 철학, 그리고 자신을 책임지는 태도를 얻었다. 『백만장자가 되는 1,000가지 비밀』은 버핏이라는 거인이 사랑한 가장 오래된 나침반과도 같은 책이다.

제1부. 흔들리지 않는 기준이 부의 크기를 결정한다

『어느 주식 투자자의 회상』

원서: Reminiscences of a Stock Operator
저자: 에드윈 르페브르 (Edwin Lefèvre, 1871~1943)

워런 버핏의 서재에서 이 책이 차지하는 자리는 조금 결이 다르다. 차트를 분석하고 수익을 내는 투자의 '기술'을 다룬 수많은 책들 사이에서 에드윈 르페브르가 담아낸 제시 리버모어의 삶은 투자자의 '기질'이 어떠해야 하는지를 적나라하게 보여주기 때문이다. 버핏은 시장의 소음이 극에 달할 때마다 이 고전을 들춰보며, 전설적인 투기꾼 리버모어가 남긴 영광과 몰락의 흔적을 되짚었다. 그의 투자가 전설로 남은 이유는 단순히 좋은 종목을 고르는 안목에서만 나온 것이 아니라, 시장의 광기에 휩쓸리지 않는 멘털을 구축한 덕

분이었다.

　이 책은 '월스트리트의 곰'이라 불렸던 제시 리버모어의 실화를 바탕으로 한 소설형 전기다. 리버모어는 숫자의 움직임 뒤에 숨은 인간의 탐욕과 공포를 읽어내는 데 천부적인 재능을 가졌던 인물이다. 그는 단돈 5달러로 시작해 1929년 대공황 당시 하락장에 베팅하여 하루 만에 1억 달러를 벌어들이는 기염을 토했다. 하지만 그의 삶은 끊임없는 파산과 재기의 반복이었고, 끝내 비극적인 자살로 마감되었다. 버핏은 그의 천재성을 경탄하면서도, 리버모어가 가졌던 결정적인 결함, 즉 '자제력의 부재'와 '투기적 본능'을 반면교사 삼았다.

　버핏에게 이 책은 시장이라는 거대한 파도 앞에서 평정심을 유지하는 법을 가르쳐준 교과서였다. 리버모어는 "시장에서 벌어지는 일은 과거에도 일어났고, 앞으로도 일어날 것이다. 인간의 본성이 변하지 않기 때문이다"라고 말했다. 버핏은 이 문장을 통해 시장의 소동에 일희일비할 필요가 없음을 깨달았다. 그는 리버모어처럼 차트의 숫자를 쫓는 대신, 숫자를 움직이는 인간의 비이성적 패턴을 관찰했다. 리버모어가 '시장의 타이밍'을 맞추려다 무너졌다면, 버핏은 이 책을 읽으며 '시장의 멘털'을 다스리는 법을 익혔다. 시장의 노이즈 너머 본질을 꿰뚫는 그의 안목은 리버모어의 천재적인 매매

　　　　　제1부. 흔들리지 않는 기준이 부의 크기를 결정한다

기법이 아닌, 그가 남긴 뼈아픈 교훈 위에 세워진 셈이다.

결국 이 책이 버핏의 서재에 꽂혀 있는 이유는 리버모어의 삶이 승리의 기록이 아니라 실패의 기록이기 때문이다. 버핏은 리버모어의 드라마틱한 인생을 통해, 아무리 뛰어난 지능을 가진 투자자라도 자신의 감정을 통제하지 못하면 결국 파멸한다는 자본주의의 냉혹한 진리를 배웠다. 80년 무패 신화의 기저에는 "리버모어처럼 하지 않겠다"는 철저한 자기 절제와, 시장이 미쳐 날뛸 때 홀로 고요할 수 있는 '강철 같은 멘털'이 자리 잡고 있다.

 ## 이렇게 읽어보자!

이 책에서 당신은 리버모어의 현란한 매매 기법이 아닌 그가 고독하게 시장과 싸우며 내뱉은 성찰의 문장들에 집중해야 한다. "돈을 버는 것은 머리가 아니라 엉덩이다"라는 버핏의 말처럼, 기다림이 투자의 얼마나 큰 비중을 차지하는지 깨닫는 것이 핵심이다.

오늘날의 투자자들에게도 시장은 여전히 수많은 소음을 쏟아낸다. 기술주가 폭등하고 비트코인이 출렁일 때 이 책을 펼쳐 리버모어의 그림자를 마주해 보길 권한다. 제시 리버모어가 끝내 얻지 못했던 '심리적 안전마진'을 당신의 것으로 만들 때, 비로소 당신의 자산은 소음 속에서도 흔들림 없이 증식하기 시작할것이다.

03.

『머니 게임』

원서: The Money Game
저자: 애덤 스미스 (필명), 실제 이름 조지 굿맨 (George Goodman, 1930~2014)

"나를 알아가는 값으로
주식 시장은 아주 비싼 청구서를 내민다."

워런 버핏은 평소 조지 굿맨의 글을 두고 "투자의 세계를 이토록 정직하고 명쾌하게 그려낸 기록은 없다"며 깊은 신뢰를 보였다. 1968년, 활기와 혼돈이 공존하던 월스트리트 한복판에 등장한 이 책은 당시 금융계의 민낯을 가감 없이 드러내며 큰 반향을 일으켰다. 버핏이 이 책을 평생 곁에 두고 반복해서 읽은 이유는 뭘까?

주식 시장은 이성적인 계산기로 움직이는 곳이 아니라, 인간의 본성이 적나라하게 충돌하는, 거대한 심리 전쟁터라는 사실을 이보다 더 예리하게 파헤친 책이 없기 때문이다.

이 책에서 월스트리트는 차가운 숫자의 공간이 아니라 인간 본성이 고스란히 투영되는 무대다. 애덤 스미스(조지 굿맨)는 수수료를 챙기기 위해 고객의 욕망을 부추기는 브로커, 남보다 뒤처질까 봐 불안에 떠는 펀드매니저, 그리고 '나만 기회를 놓치는 것 아닐까' 하는 초조함에 휩싸인 개인투자자들의 모습을 생생하게 기록했다. 그는 이러한 탐욕과 공포가 빚어내는 비이성적인 소동을 가리켜 "숫자로 표현된 욕망의 무대극"이라 불렀다. 이처럼 그럴싸한 경제 용어나 복잡한 이론 대신, 투자자가 현장에서 느끼는 원초적인 감정에 집중한 덕분에 『머니 게임』은 오늘날까지도 투자 심리의 고전으로 읽힌다.

워런 버핏은 이 책을 통해 투자자로서 가장 근본적인 질문을 스스로에게 던졌다.

"나는 과연 대중의 소음에서 벗어나 내 판단을 온전히 하고 있는가?"

시장의 광기가 어떻게 인간의 눈을 가리고 판단을 왜곡하는지 확인한 버핏에게 이 책은 커다란 경종을 울렸다. 그는 굿맨의 통찰을 발판 삼아 시장이 과열될수록 차분히 멈추어 관찰하는 습관을 길렀고, 이는 '감정적으로 반응하지 않는다'는 그의 철학을 완성하는 핵심 토대가 되었다. 결국 80년 무패 신화는 그저 기술적인 분석이 아니라, 이처럼 시장의 소동을 연극처럼 관조할 수 있는 여유에서 시작된 셈이다.

『머니 게임』의 진짜 가치는 투자자들의 어리석음을 비난하는 것에 있지 않다. 오히려 한 편의 연극처럼 펼쳐지는 인간의 연약함을 인정하고, 그 안에서 나만의 중심을 잡으라고 이야기하는 데 있다. 버핏은 이 책을 통해 투자가 결국 자기 자신과의 지독한 싸움임을 깨달았다. 시세판의 숫자가 춤을 출 때 그 이면에 숨겨진 인간의 결핍을 꿰뚫어 보는 안목. 그 안목이야말로 버핏을 보통의 투자자가 아닌, 세상의 본질을 읽어내는 시대를 꿰뚫는 현자로 만들었다.

🧭 이렇게 읽어보자!

"나는 지금 왜 투자를 하고 있는가?"라고 자문해 보자. 만약 자산을 불리려는 목적보다 마음의 공허함을 채우거나 누군가에게 과시하려는 욕구가 앞서 있다면, 이 책은 당신의 가장 아픈 곳을 건드릴 것이다.

워런 버핏이 그랬듯, 당신도 이 책의 행간에서 시장의 심리적 지도를 그려보길 권한다. 우리는 출렁이는 시세에 휩쓸리는 것이 아닌, 그 등락 뒤에 숨은 군중의 심리를 찬찬히 읽어낼 줄 알아야 한다. 돈이라는 숫자의

                              제1부. 흔들리지 않는 기준이 부의 크기를 결정한다

게임 뒤에 가려진 인간 본성의 진짜 모습을 마주할 때 우리는 비로소 소음 가득한 시장에서 홀로 평온하게 나만의 원칙을 지켜가는 '진짜 투자자'의 길에 들어서게 될 것이다.

04.

『모든 주식을 소유하라』

원서: The Little Book of Common Sense Investing
저자: 존 C. 보글 (John C. Bogle, 1929~2019)

**"건초더미에서 바늘을 찾으려 애쓰지 마라.
그냥 건초더미를 통째로 사라."**

워런 버핏은 주주 서한을 통해 여러 차례 존 보글에 대한 깊은 경의를 표해왔다. "미국 투자자들을 위해 가장 헌신한 인물을 기리는 기념비를 세운다면, 그 주인공은 단연 존 보글이어야 한다"는 찬사가 대표적이다.

뱅가드 그룹의 창립자이자 '인덱스 펀드의 아버지'로 불리는 존 보글은 월스트리트가 수십 년간 쌓아온 철옹성 같은 마케팅의 신화를 '상식'이라는 단 한마디로 무너뜨린 인물이다. 버핏은 보글의 철학이 담긴 이 책을 통해 투자의 승패는 대단한 비결을 선점하는 것이 아닌 시장이 거둔 결실을 가로채려는 '중간자'들을 얼마나 잘 따돌리느냐에 달려 있음을 다시금 확인했다.

보글은 이 책에서 투자자의 가장 큰 적은 시장의 변동성이 아니라 눈에 보이지 않게 자산을 갉아먹는 수수료와 거래 비용이라고 일갈한다. 그는 개별 종목을 골라 시장을 이기려 애쓰는 수고를 멈추고, 시장 전체를 대표하는 인덱스 펀드를 통해 '모든 주식을 소유할 것'을 권한다. "건초더미에서 바늘을 찾으려 하지 말고 건초더미를 통째로 사라"는 그의 조언은 단순해 보이지만, 사실 그 당시 금융업계의 복잡한 수익 구조를 정면으로 거스르는 꽤나 혁명적인 선언이었다. 보글은 복리의 마법이 금융회사의 배를 불리는 대신 투자자의 주머니에서 온전히 작동하도록 평생을 바쳐 '안전한 부의 시스템'을 재설계했다.

버핏은 이러한 보글의 신념을 80년 투자 인생의 강력한 배경으로 삼았다. 그는 전문가들의 장밋빛 예측과 시장의 요란한 소음이 실제 수익률에는 아무런 도움이 되지 않는다는 사실을 누구보다 잘 알았다. 실제로 버핏은 자신의 사후에 아내에게 남길 유산의 90%를 뱅가드의 인덱스 펀드에 넣으라고 유언장에 명시함으로써 보글에 대한 신뢰를 증명했다. 그는 이 책을 읽으며 투자란 현란한 기술로 점수를 내는 '승자의 게임'이 아니라 비용과 실수를 줄여 끝까지 살아남는 자가 결국 승리하는 '패자의 게임Loser's Game'이라는 사실을 다시금 확신했다.

『모든 주식을 소유하라』는 우리에게 가장 겸손하면서도 안전하고, 위대한 전략을 건넨다. 스스로 시장보다 똑똑하다는 오만을 버리고, 자본주의가 만들어내는 장기적인 성장의 흐름에 몸을 맡기라는 권유다. 버핏은 보글이 전파한 이 단순한 진리가 수천만 명의 평범한 이들을 구원했음을 인정했다. 세계 최고의 부가 만들어진 비결은, 역설적이게도 이 책이 말하는 지극히 평범하고도 위대한 상식을 끝까지 포기하지 않은 데 있었다.

✦ 이렇게 읽어보자!

저자가 제시하는 수많은 통계는 결국 한 가지 결론으로 향한다.
"시간을 내 편으로 만들고, 비용을 적의 주머니에 넣어주지 마라!"
만약 당신이 여전히 차트를 분석하며 내일의 급등주를 찾는 데 에너지를 쏟고 있다면, 이 책은 그 노력이 얼마나 허망한 신기루인지를 냉정하게 일깨워 줄 것이다.
 버핏이 그랬듯, 당신 또한 이 책의 행간에서 '시간의 무게'를 느껴보길

 제1부. 흔들리지 않는 기준이 부의 크기를 결정한다

권한다. 법률가가 증거의 객관성을 따지듯 당신도 금융회사의 번지르르한 광고 이면에 숨겨진 비용의 진실을 직시해야 한다. 인덱스 펀드라는 소박한 도구가 어떻게 당신의 노후를 지키는 가장 강력한 해자가 되는지 이해할 때, 당신은 시장의 소음에서 완전히 해방되어 진정한 부의 궤도에 진입하게 될 것이다.

05.

『위대한 기업에 투자하라』

원서: Common Stocks and Uncommon Profits
저자: 필립 피셔 (Philip A. Fisher, 1907~2004)

> "주식 시장에서 큰 수익을 얻기 위해서는
> 본능적으로 군중의 의견이 대개 틀렸다는 사실을 감지해야 한다."

워런 버핏은 단순히 '싸게 보이는' 주식을 좇는 데 머물지 않고, 필립 피셔를 통해 '무엇이 위대한 기업인가'를 판단하는 안목을 얻었다. 1958년 출간된 이 책은 당시 재무제표의 숫자에만 매몰되어 있던 투자 업계에 신선한 충격을 던졌다. 버핏은 피셔의 이론을 접한 뒤 "나는 85%의 그레이엄과 15%의 필립 피셔로 이루어져 있다"라고 고백하며, 숫자를 넘어 기업의 질적 가치에 주목하기 시작했다. 80년 무패 신화의 정점이 된 코카콜라나 애플 같은 투자는 사실상 피셔의 '성장주 철학'이 버핏의 '가치 투자'와 만났을 때 탄생한

제1부. 흔들리지 않는 기준이 부의 크기를 결정한다

결과물이라 할 수 있다.

피셔가 이 책에서 제시한 가장 혁신적인 개념은 발품을 팔아 현장을 직접 둘러보는 '발품Scuttlebutt' 기법이다. 그는 액면 그대로 서류상의 수치를 믿지 말고, 기업의 경쟁사, 전직 임원, 협력업체 들을 직접 찾아가 현장의 생생한 목소리를 들으라고 강조한다.

또 기업이 지속적으로 성장하기 위해 반드시 갖춰야 할 '15가지 점검표'를 제시했는데, 여기에는 매출 성장을 뒷받침할 연구개발R&D 능력, 독보적인 영업망, 그리고 무엇보다 경영진의 정직함과 도덕성이 포함되어 있다. (이 부분은 투자에 있어 매우 중요하다!) 버핏은 이 원칙을 받아들여, 단순히 싼 주식이 아니라 '질적으로 위대한 기업'을 평생 보유하는 전략으로 자신의 철학을 확장했다.

실제로 버핏은 피셔의 가르침에 따라 경영진의 역량을 평가하는 데 엄청난 시간을 할애한다. 그는 "훌륭한 경영진이 운영하는 좋은 회사를 적정한 가격에 사는 것이, 형편없는 회사를 아주 싼 가격에 사는 것보다 훨씬 낫다"라는 유명한 격언을 남겼는데, 이는 피셔의 핵심 사상을 버핏의 언어로 번역한 것이다. 피셔는 주가수익비율PER 같은 단기적 지표보다 기업의 미래 이익을 결정짓는 '경영의 질'에 집중했고, 버핏은 이를 통해 시장의 일시적인 변동성을 견뎌낼 수 있는 단단한 해자를 가진 기업들을 골라낼 수 있었다.

피셔는 이 책을 통해 주식 투자가 한탕으로 끝내는 도박이 아니라, 한 시대의 산업을 이끌어갈 비범한 경영자와 그들의 비전에 동참하는 파트너십임을 일깨워준다. 버핏이 전설로 남게 된 이유 중 하나도 그레이엄의 차가운 머리에 피셔의 뜨거운 현장 감각을 더했기 때문이 아닐까? 그러니 투자자라면 이 책을 꼭 일독해 보길 권한다. 시대를 앞서가는 기업을 알아보고 그 성장의 과실을 끝까지 누리고자 하는 투자자들에게 변하지 않는 북극성과도 같은 책이니 말이다.

✨ 이렇게 읽어보자!

『위대한 기업에 투자하라』는 고전적인 문체와 상당히 구조적인 논리를 지니고 있어, 처음 읽는 독자에겐 다소 건조하게 느껴질 수 있다. 그러나 '15가지 투자 포인트'를 담은 제3장과, 쉽게 팔지 않는 인내의 철학을 다룬 제6장 '장기 보유의 원칙'은 반드시 정독해 보길 바란다.

책을 처음부터 끝까지 읽는 대신 각 장의 제목을 먼저 훑은 후 필요한 주제부터 읽는 방식도 유효하다. 또한, 피셔의 투자 철학을 현대적으로

　　　　제1부. 흔들리지 않는 기준이 부의 크기를 결정한다

재해석한 해설서나 버핏의 실제 사례와 함께 읽으면 이해가 한층 깊어
진다.

이 책은 단기 수익을 추구하는 사람에게는 맞지 않을 수 있다. 하지만 시
간의 힘을 믿고, 훌륭한 기업과 함께 성장하려는 사람이라면 반드시 읽
어야 할 책이다.

06.

『투자에 대한 생각』

원서: The Most Important Thing
저자: 하워드 막스 (Howard Marks, 1946~)

"투자의 세계에서 가장 위험한 것은 모두가 안전하다고 믿는 것이며,
가장 안전한 기회는 모두가 위험하다고 외면할 때 찾아온다."

주식 시장에는 수많은 '비법'들이 난무하지만, 워런 버핏은 그런 기술적 조언보다 오크트리 캐피털Oaktree Capital Management의 창립자 하워드 막스가 보내는 서한에 훨씬 더 주목했다. 버핏은 "하워드 막스의 메모라면 빠짐없이 읽는다"라며 그에 대한 신뢰를 숨기지 않았는데, 그 메모들을 집대성한 책이 바로 『투자에 대한 생각』이다.

이 책은 우리에게 '무엇을 살 것인가'가 아니라 '어떻게 생각할 것인가'라는 근본적인 물음을 던진다. 워런 버핏의 힘이 바로 이 '생각의 질'에서 나왔다는 점을 떠올려보면, 이 책을 '읽는다'는 건 거

장의 뇌 구조를 들여다보는 것과 마찬가지라 할 수 있다.

하워드 막스가 이 책에서 가장 강조하는 개념은 바로 '2차적 사고 Second-Level Thinking'다. (이 개념은 투자의 성패를 가르는 결정적인 차이다!) 1차적 사고를 하는 사람이 "좋은 회사니까 주식을 사야지"라고 단순하게 생각할 때, 2차적 사고를 하는 투자자는 "모두가 좋은 회사라고 믿어서 가격이 비싸졌는데, 과연 그 기대만큼의 투자 가치가 남아 있을까?"라고 한 단계 더 깊이 파고든다. 버핏은 이 2차적 사고의 대가다. 남들이 공포에 질려 팔 때 오히려 적극적 매수를 할 수 있었던 비결도, 대중의 일차원적인 해석 너머에 있는 진실을 읽어내는 이 깊은 생각의 힘 덕분이었다.

또한 하워드 막스는 시장의 주기를 이해하는 '사이클Cycle'의 중요성을 역설한다. 그는 시장이 시계추처럼 낙관과 비관 사이를 오간다는 사실을 잊지 말라고 경고한다. 버핏 역시 이 사이클의 원리를 철저히 따랐다. 시장이 광기에 휩싸여 시계추가 한쪽 끝으로 치우칠 때, 그는 하워드 막스의 조언처럼 "지금 우리가 어디에 서 있는가"를 냉정하게 자문하며 멈출 줄 알았다. 투자는 결국 숫자를 맞히는 게임이 아니라, 이 시계추의 움직임을 견디고 이용하는 '인내의 게임'

이라는 사실을 이 책은 생생하게 증명한다.

이처럼 하워드 막스는 성공적인 투자가 단순히 운이 좋아서 혹은 타이밍이 맞아서가 아닌, 철저한 리스크 관리와 남다른 사고의 결과물임을 다시금 일깨워준다. 버핏이 전설로 남게 된 이유도 결국 남들이 보지 못하는 위험을 감지하고, 남들이 외면하는 기회를 포착하는 이 '남다른 생각'을 유지했기 때문이 아닐까? 그러니 당신이 만약 투자자라면 꼭 책을 곁에 두고 반복해서 읽어보길 권한다. 흔들리는 시장에서 중심을 잡고 나만의 투자 논리를 단단하게 세우고 싶은 이들에게 이보다 더 훌륭한 길잡이는 별로 없다.

✸ 이렇게 읽어보자!

이 책을 읽을 때는 저자가 말하는 '리스크'의 정의를 새롭게 정립해야 한다. 단순히 주가가 떨어지는 것이 리스크가 아니라, 너무 비싼 가격에 사서 수익을 낼 기회를 잃는 것이 진짜 리스크라는 사실을 깨닫는 것. 그 과정은 아주아주 중요하다! 만약 당신이 여전히 남들이 추천하는 '핫한 종목'에만 눈길이 간다면, 하워드 막스의 문장들은 당신의 시야를 가격과 가치의 본질적인 관계로 되돌려놓을 것이다.

워런 버핏이 그랬듯 당신 또한 이 책의 행간에서 '시계추의 반동'을 느껴보길 권한다. 복잡한 사건의 실타래를 한 꺼풀씩 벗겨내 진실에 다가

     제1부. 흔들리지 않는 기준이 부의 크기를 결정한다

가듯 당신도 시장의 낙관론 뒤에 숨은 거품을 걷어내고 본질을 직시해야 한다. 하워드 막스의 철학이 당신의 생각과 만나는 순간, 당신의 포트폴리오는 비로소 쉽사리 흔들리지 않는 강인한 생명력을 얻게 될 것이다.

『현명한 투자자』

원서: The Intelligent Investor
저자: 벤저민 그레이엄 (Benjamin Graham, 1894~1976)

"투자는 철저한 분석을 통해 원금의 안전과 만족스러운 수익을 약속하는 행위다.
이 요건을 충족하지 못하면 그것은 투기다."

열아홉의 워런 버핏이 이 책을 처음 펼쳤을 때, 그는 비로소 자신이 나아가야 할 평생의 지도를 발견했다. 버핏은 (이미 고전이 된) 이 책을 "지금까지 쓰인 투자서 중 단연 최고"라며 찬사를 아끼지 않았는데, 이는 종목을 고르는 기술 때문이 아니었다. 벤저민 그레이엄은 한치 앞도 알 수 없는 흔들리는 시장 앞에서 감정에 휘둘리지 않고 버틸 수 있는 '철학적 뼈대'를 버핏에게 심어주었다.

특히 벤저민 그레이엄이 이 책에서 소개한 '미스터 마켓Mr. Market'은 투자의 본질을 이보다 더 명쾌하게 설명할 수 없을 만큼 최적의

제1부. 흔들리지 않는 기준이 부의 크기를 결정한다

비유다. 매일 아침 찾아와 주식을 사고팔자고 제안하는 이 변덕쟁이 영업사원은 기분이 좋을 땐 터무니없는 고가를 부르다 우울할 땐 제값보다 한참을 밑도는 가격을 던지곤 한다. (투자자가 해야 할 일은 그저 이 이웃의 조울증에 휘둘리지 않고 그가 실수할 때를 기다리는 것뿐이다!) 버핏은 이 가르침을 통해 시장을 두려워해야 할 대상이 아닌, 자신에게 유리한 기회를 제공하는 조력자로 활용하는 나름의 여유를 갖게 되었다. 마치 가치 투자를 오래한 이들의 가지는 여유랄까?

더불어 투자의 영원한 안전장치인 '안전마진'이라는 개념은 버핏을 전설의 반열에 올린 결정적인 무기였다. 마치 "3만 파운드의 하중을 견디도록 설계된 다리는 1만 파운드의 트럭만 지나가게 하는 것"처럼, 실제 가치보다 훨씬 낮은 가격에 사서 예기치 못한 실수가 발생하더라도 손실을 방어하는 원칙. 이는 버핏에게 '철저한 분석과 충분히 싼 가격'이라는 지극히 상식적인 마지노선이 되었다.

『현명한 투자자』에서 그레이엄은 지식보다 중요한 것이 비이성적인 유혹을 뿌리치는 통제력임을 강조했고, 버핏은 그 가르침을 인생 전체로 증명해 보였다. 버핏이 월스트리트의 노이즈에서 멀리 떨어진 오마하에서 조용히 큰 부를 일궈낸 이유도 역시 이 책이 말하는 독립적인 사고를 실천했기 때문이 아닐까 한다.

주가 창의 숫자가 춤을 출 때마다 가슴이 울렁거리는 투자자라면 이 책을 반드시 펼쳐보자. 이 책은 녹아내리는 계좌 앞에서 매수 매도 버튼을 눌러야 할지 말지 계속 망설이는 당신의 중심을 잡아주고 잃지 않는 투자가 무엇인지 알려줄 것이다.

✦ 이렇게 읽어보자!

『현명한 투자자』는 방대한 분량과 이론 때문에 쉽지 않은 책이지만, 핵심만 짚으면 누구나 '지혜의 정수'를 맛볼 수 있다. 초심자라면 제1장(투자와 투기의 차이), 제8장(미스터 마켓), 제20장(안전마진 원칙)부터 읽는 것이 좋다. 이 세 장만으로도 철학의 핵심을 이해할 수 있으니 말이다. 특히, 버핏이 직접 쓴 2003년 서문은 든든한 길잡이가 된다. 그래도 읽기 버겁다면, 요약서나 해설서를 곁들이는 것도 좋다. 중요한 것은 빨리 읽는 것이 아니라, 곱씹으며 자신의 언어로 체화하는 것이다. 이 책은 당신을 곧장 부자로 만들어주진 않지만, 부자들이 어떤 식으로 사고하는지를 가르쳐주는 놀라운 책이니!

08.

『벤저민 그레이엄의 증권분석』

원서: Security Analysis
저자: 벤저민 그레이엄 (Benjamin Graham, 1894~1976), 데이비드 도드 (David Dodd, 1895~1988)

> "시장은 단기적으로는 투표소와 같지만,
> 장기적으로는 무게를 재는 체중계와 같다."

벤저민 그레이엄이 1934년에 내놓은 이 두툼한 책은 사실 가치 투자의 '해부학 교과서'라 불릴 만큼 묵직하고 견고하게 설계되어 있다. 대공황이라는 처참한 폭풍이 휩쓸고 간 자리에 '운'이 아닌 '과학적 분석'이라는 기둥을 세운 셈인데, 워런 버핏은 컬럼비아 대학교 시절 이 벽돌 같은 책을 탐독하며 기업의 겉모습이 아닌 뼈대와 근육을 발라내는 법을 익혔다. 수조 원을 움직이면서도 버핏이 흔들림 없이 평정심을 유지하는 힘은 바로 이 투박하고 거대한 지식의 뭉치에서 나왔다고 봐도 무방하다.

여기서 그레이엄이 가장 먼저 못 박는 것은 '투자와 투기의 구분'이다. 그는 철저한 분석을 통해 원금의 안전과 만족스러운 수익이 보장되는 행위만을 투자라 정의했다. (꼭 기억하자! 그 외의 모든 것은 도박, 즉 투기라는 뜻이다!) 재미있는 점은 그레이엄이 숫자로 표현되는 '양적 요소'뿐만 아니라 경영진의 능력이나 산업의 특성 같은 '질적 요소'의 위험성까지 경고했다는 사실이다. 그는 보수적인 투자자라면 장미빛 전망보다는 눈에 보이는 자산과 검증된 이익의 숫자를 우선시해야 한다고 가르쳤다. 버핏이 아무리 유망해 보이는 기술주라도 자신의 '능력 범위' 밖이라면 거들떠보지도 않았던 고집은 바로 이 엄격한 기준에서 시작되었다.

흥미롭게도 이 책은 "좋은 주식을 사라"고만 말하지 않는다. 대신 청산 가치보다 낮은 가격에 거래되는 이른바 '담배꽁초Net-Net' 주식을 발굴하는 법부터, 채권과 우선주를 분석하는 정교한 잣대까지 상세히 일러준다. "기록된 숫자조차 의심하라"는 저자들의 경고는 버핏에게 남들이 보지 못하는 재무제표 속의 숨은 함정을 피하는 눈이 되어주었다. 그렇기에 그에게 투자는 짜릿한 한판 승부가 아니라, 이 책의 원칙에 따라 위험 요소를 하나씩 제거해 나가는 고독하고도 정교한 수작업에 가까웠다. 고수들만이 느끼는 희열이라는 게

　　　　　　　제1부. 흔들리지 않는 기준이 부의 크기를 결정한다

바로 이런 것 아니겠는가?

『벤저민 그레이엄의 증권분석』은 주가란 결국 기업의 무게에 수렴한다는 아주 검소한 진리를 말한다. 버핏이 수십 년간 오마하의 사무실에서 낡은 연감을 뒤적이며 보석을 찾아낼 수 있었던 힘도 바로 여기서 나왔다. 당신도 요행을 바라는 마음을 잠시 내려두고 스스로를 '분석가'라 정의해 보고 싶다면, 이 책의 묵직한 무게를 기꺼이 견뎌보자. 그 무게를 즐기며 마지막 장을 덮는 순간, 당신의 눈에는 시세판의 어지러운 숫자가 아닌 기업의 단단한 실체가 보이기 시작할 것이다.

 **이렇게 읽어보자!**

독서에 익숙치 않은 사람이라면, 이 벽돌 책을 처음부터 끝까지 정독하는 방법은 추천하지 않는다. 어쩌면 백과사전처럼 곁에 두고 필요할 때마다 펼쳐보는 게 훨씬 영리한 방법일 수 있다. 만약 지금 보유한 종목의 내재 가치를 증명할 물증이 없다면, 당장 이 책을 펼쳐 '분석'의 정의부터 다시 새겨야 한다. 특히 기업의 수익력을 검토할 때 과거 7~10년간의 기록을 살피라는 그레이엄의 조언을 당신의 계좌 속 종목에 대입해 보는 시간은 매우 중요하다!

버핏이 그랬듯 당신 또한 이 책의 행간에서 '사실의 힘'을 믿는 법을 배워야 한다. 법률가가 감정이 섞인 증언보다 확실한 물증을 신뢰하듯 당신도 시장의 분위기보다 재무제표가 말하는 '진실'에 집중해야 한다. 자, 이제 이 견고한 논리의 틀 안으로 들어가보자. 막연한 추측이 확신으로 바뀌는 순간, 당신의 투자는 비로소 안전한 궤도에 올라서게 된다.

09.

『현명한 투자자의
재무제표 읽는 법』

원서: The Interpretation of Financial Statements
저자: 벤저민 그레이엄 (Benjamin Graham, 1894~1976), 스펜서 B. 메레디스 (Spencer B.
     Meredith, 생몰년 미상)

**"재무제표를 읽는다는 것은 기업이라는 성(城)이 얼마나 튼튼한지,
그 성을 지키는 해자가 얼마나 깊고 넓은지 숫자로 확인하는 과정이다."**

워런 버핏은 "사업의 언어는 회계"라고 입버릇처럼 말하곤 한다. 그가 수십 년간 오마하의 고요한 사무실에서 낡은 서류들을 보며 투자의 전설로 남을 수 있었던 건, 스승 벤저민 그레이엄에게 전수받은 '숫자의 문법'을 완벽히 이해했기 때문이다. 『현명한 투자자의 재무제표 읽는 법』은 방대한 『벤저민 그레이엄의 증권분석』의 정수만을 뽑아낸 농축액 같은 책이다. 복잡한 회계 이론에 질려버린 투자자라면, 이 얇지만 단단한 가이드북이 재무제표라는 거대한 미로를 탈출하게 해줄 소중한 지도가 되어줄 것이다.

이 책에서 그레이엄이 가장 공들여 설명하는 지점은 '기업의 실질적인 체력'을 측정하는 법이다. 그는 당기순이익이 얼마인가를 보는 1차원적인 시각에서 벗어나, 유동자산과 부채의 관계, 그리고 무형자산 속에 숨겨진 거품을 걷어내는 법을 아주 정교하게 일러준다. (겉으로 화려해 보이는 수익 뒤에 부채라는 시한폭탄이 숨어 있지는 않은지 확인하는 게 투자의 첫걸음임을 기억하자.) 버핏은 이 원칙을 충실히 따라, 숫자가 장밋빛 미래를 약속할 때 오히려 그 숫자가 만들어진 과정을 의심하며 자신만의 '안전마진'을 확보해 나갔다.

여기서 흥미로운 점은 그레이엄이 재무제표를 '과거의 기록'이 아닌 '미래를 가늠하는 거울'로 보았다는 사실이다. 그는 영업권이나 이월결손금 같은 생소한 항목들이 기업의 실제 가치를 어떻게 왜곡하는지 낱낱이 파헤친다. 버핏이 "재무제표는 정직하지만, 그것을 읽는 법을 모르면 가장 큰 거짓말쟁이가 된다"라고 경고한 이유도 바로 여기에 있다. 투자는 결국 기업의 장부 속에 숨겨진 '진실된 돈의 흐름'을 읽어내는 일이라는 것이다. 즉 투자란, 정교하게 배열된 숫자 퍼즐을 철저하게 들여다보고 엄격한 검증 과정을 통해 '돈을 불리는 것'이란 뜻이다.

      제1부. 흔들리지 않는 기준이 부의 크기를 결정한다

버핏이 전설적인 수익률을 기록하면서도 밤잠을 설치지 않았던 비결은, 재무제표라는 단단한 논리의 틀 안에서 충분히 계산된 위험만을 감수했기 때문이다. 오늘부터라도 도파민을 위한 투자가 아닌 부를 증식시키기 위한 투자를 하고 싶다면 이 얇은 책의 문장들을 꼼꼼히 씹어보자. 마지막 페이지까지 꼭꼭 씹어 소화시켰다면 당신은 더 이상 시장에 떠도는 정보에 휘둘리지 않고 스스로 기업의 몸값을 매길 수 있는 '현명한 투자자'로 거듭나게 될 것이다.

✦ 이렇게 읽어보자!

앞서 벽돌 책에 질린 이라면 이 책에 도전해 보자. 분량은 적지만 그 속에 담긴 지표 하나하나는 투자의 급소를 보여준다. 만약 지금 보유한 종목이 '돈을 벌고 있는 척'만 하는 건 아닌지 의심된다면, 당장 이 책의 '유동성 분석' 파트를 펼쳐봐야 한다. 특히 자본금과 잉여금의 변화를 살피라는 그레이엄의 조언을 당신의 포트폴리오에 대입해 보는 시간은 너무나 중요하다! 버핏의 말처럼 '숫자는 증거가 아니라 단서'이기 때문이다.

2장

탁월한 기업을 읽는 눈
: 경영, 리더, 실전 전략

"좋은 기업은 브랜드가 아니라,
사람과 문화에서 시작된다."

10.

『경영의 모험』

원서: Business Adventures
저자: 존 브룩스 (John Brooks, 1920~1993)

**"경영의 본질은 숫자가 아니라 사람이다.
그리고 사람의 본성은 세월이 흘러도 결코 변하지 않는다."**

빌 게이츠가 워런 버핏에게 "가장 좋아하는 경영서가 무엇이냐"고 물었을 때, 버핏은 주저 없이 자신의 소장본을 빌려주었다. 그 책이 바로 1969년에 나온 『경영의 모험』이다. (수십 년이 지난 지금까지도 게이츠가 이 책을 돌려주지 않았다는 유명한 일화가 있을 정도다.)

도대체 이 낡은 책에 무엇이 담겨 있길래 세계 최고의 부자 두 사람이 입을 모아 극찬했을까? 그 답은 간단하다. 이 책은 유행하는 경영 기법이 아니라, 비즈니스 세계의 밑바닥에 흐르는 '인간의 본성'을 다루고 있기 때문이다.

저자 존 브룩스는 1960년대 월스트리트와 대기업들 사이에서 벌어진 드라마틱한 사건들을 마치 소설처럼 생생하게 그려낸다. 포드의 야심작이었던 '에드셀'이 왜 처참한 실패로 끝났는지, 혹은 제록스가 어떻게 세상을 바꿨는지를 추적하는 과정은 그 어떤 스릴러보다 짜릿하다. 버핏은 이 사례들을 통해 기업의 성패는 결국 '사람이 내리는 결정'에 달려 있다는 사실을 다시금 확신했다. (복잡한 숫자에 가려진 경영자의 기질과 조직의 문화를 읽어내는 법을 이 책에서 배운 셈이다.)

그런데 놀라운 점은 반세기 전의 이야기가 오늘날의 시장 상황과 소름 돋을 정도로 닮아 있다는 사실이다. 기술이 발전하고 시장의 규모는 커졌지만, 탐욕에 눈이 멀어 실수를 저지르거나 공포에 질려 무너지는 인간의 패턴은 그대로이기 때문이다. 버핏이 "역사는 반복되지 않지만, 그 운율은 같다"라고 말한 이유도 여기에 있다. 『경영의 모험』은 비즈니스라는 거대한 모험 속에서 우리가 마주하게 될 수만 가지 '사람의 변수'를 미리 보여주는, 마치 하나의 예언서와 같다.

다시 말하지만 버핏이 전설적인 투자자로 남을 수 있었던 비결은 단순히 재무제표를 잘 봐서가 아니라, 비즈니스의 생태계를 인간적인 관점에서 이해했기 때문이다. 지금 투자를 하고 있거나 투자에 뛰어들 준비를 하고 있다면, 남들이 떠드는 차트에만 매몰되기보다, 이 책이 들려주는 치열한 경영의 현장 속으로도 한번쯤 들어가 봐야 한다. 책의 마지막 페이지를 덮을 때쯤이면, 당신은 기업을 볼 때 '수익률'이라는 결과값 이전에 '의사결정'이라는 과정의 가치를 먼저 따지는 혜안을 갖게 될 테니까. 어쩌면 기업의 흥망성쇠를 결정하는 '인간적 프레임'이야말로 텐배거를 찾는 비결일지도 모른다.

✴ 이렇게 읽어보자!

경영이라는 단어가 주는 압박감에 미리 겁먹을 필요는 없다. 이 책은 한 편의 잘 짜인 다큐멘터리를 보는 것처럼 술술 읽히니 말이다. 만약 당신이 투자한 기업의 경영진이 왜 저런 이해할 수 없는 결정을 내리는지 궁금하다면, 당장 '포드 에드셀의 비극' 편을 펼쳐보자. 버핏의 조언처럼 '경험은 최고의 스승이지만, 남의 경험으로 배우는 것은 더 저렴한 스승'이다.

이 책을 읽을 때 우리는 에피소드들 속에서 '변하지 않는 가치'를 찾아내야 한다. 역사적 사건들 속에서 위대한 기업이 가져야 할 태도 또한 배워야 한다. 자, 이제 낡았지만 가장 강력한 이 경영의 고전 속으로 뛰어들어 보자. 지금이 유행하는 트렌드에 휘둘리지 않고 비즈니스의 본질을 꿰뚫는 안목을 기를 때다.

『현금의 재발견』

원서: The Outsiders
저자: 윌리엄 N. 손다이크 주니어 (William N. Thorndike, Jr. 1963~)

워런 버핏은 2012년 주주 서한에서 이 책을 두고 "기업 경영과 자본 배분에 관해 더할 나위 없이 훌륭한 책"이라며 아낌없는 찬사를 보냈다. (버핏이 추천하는 책 치고 버릴 것이 없다지만, 이 책은 그중에서도 '경영의 기술'을 다루는 데 있어 독보적이다.) 저자 윌리엄 손다이크는 월스트리트의 주목을 받지는 못했지만, 시장 수익률을 수십 배나 앞지른 8명의 비범한 CEO들을 추적한다. 그들의 공통점은 간단했다. 주류 사회의 문법을 따르지 않는 진짜 '아웃사이더'였다는 사실이다.

이 책에서 말하는 아웃사이더 경영자들은 우리가 흔히 생각하는 압도적인 카리스마의 소유자가 아니다. 오히려 그들은 조용하고 분석적이며, 때로는 은둔자처럼 보이기도 한다. 하지만 자본을 어디에 투자할지를 결정하는 '자본 배분Capital Allocation'의 순간만큼은 그 누구보다 단호했다. 남들이 덩치를 키우기 위해 인수합병에 열을 올릴 때, 이들은 오히려 자기 주식을 사들이거나 빚을 갚으며 내실을 다졌다. 버핏은 이들의 행보를 보며 자신이 평생 추구해 온 '효율적인 자본 운용'의 실체를 다시금 확인했다.

재미있는 점은 이 아웃사이더들이 하나같이 월스트리트의 유행이나 분석가들의 조언을 콧방귀 뀌며 무시했다는 것이다. 그들은 배당을 주는 대신 성장에 재투자하고, 요란한 홍보 대신 실질적인 현금 흐름에 목숨을 걸었다. 버핏이 지금까지 "남들이 예스!라고 할 때 독립적으로 사고하라"고 강조한 이유를 이 책은 8명의 실증적인 사례로 보여준다. 『현금의 재발견』은 전형적인 성공 신화가 아니라, 숫자의 뒤편에서 벌어지는 치열한 자원 배분의 전쟁터에서 어떻게 승리하는지를 보여주는 일종의 전략서인 셈이다.

버핏이 전설적인 투자자로 남은 배경에는 본인의 안목도 있었지만, 이 책에 등장하는 이들처럼 자본을 귀하게 쓸 줄 아는 경영자들을 찾아내 파트너가 된 것도 한몫했다. 지금 당신의 포트폴리오에 담긴 기업의 수장이 혹시 그럴싸한 말잔치로 주가만 부양하려 하지는 않는가? 그렇다면 당장 이 책을 펼쳐 '진짜 경영자의 뒷모습'을 확인해 봐야 한다. 스스로 자립적인 주식 투자를 하려면, 기업을 고를 때 그들의 제품보다 그들이 '돈을 어떻게 다루는지'를 먼저 살피는 고수의 눈이 필요하다.

✦ 이렇게 읽어보자!

경영자가 아닌 투자자의 입장에서 이 책을 읽는다면, '자사주 매입'이나 '배당' 같은 단어들이 단순히 주주 환원을 넘어 '경영자의 지능'을 드러내는 지표라는 사실에 주목해야 한다. 만약 당신이 투자한 회사가 쓸데없는 사업 확장으로 돈을 낭비하고 있다면, 이 책에 등장하는 헨리 싱글턴이나 캐서린 그레이엄의 결단을 꼭 확인해 보자. 특히 경영자가 시장의 비난을 무릅쓰고 자신의 신념을 관철하는 대목을 눈여겨보자. '투자는 머리가 아니라 기질로 하는 것'이니 말이다.

가지고 있는 종목 중 의심스러운 기업이 있다면, 지금 바로 기업의 자본 집행 내역을 살펴보자. 무지성적인 추종이 아닌 논리적인 확신이 서는 순간, 내 투자는 남들과는 다른 '비범한 수익률'의 궤도로 진입하게 된다.

12.

『가난한 찰리의 연감』

원서: Poor Charlie's Almanack
저자: 피터 D. 코프먼 (Peter D. Kaufman, 1950~), 찰리 멍거 (Charlie T. Munger, 1924~2023)의
　　　 연설과 인터뷰를 편집

"평생 학습자가 되어라. 매일 밤 잠자리에 들 때
아침보다 조금 더 똑똑해져 있다면, 당신은 성공한 인생을 살고 있는 것이다"

　　워런 버핏의 '영혼의 파트너' 찰리 멍거를 빼놓고 가치 투자를 논하는 건 팥소 없는 찐빵이나 다름없다. 버핏은 멍거를 만난 뒤 "담배꽁초 같은 저렴한 주식을 찾는 수준에서 위대한 기업을 적정가에 사는 투자자로 진화했다"라고 고백했는데, 그 진화의 설계도가 바로 이 책에 담겨 있다. 이 책은 당장 종목을 찍어주는 투자서가 아니다. 오히려 우리가 세상을 바라볼 때 얼마나 자주 스스로 만든 '생각의 덫'에 빠지는지, 그리고 그 어리석음을 피하기 위해 어떤 '지적 무기'를 갖춰야 하는지를 알려주는 인생의 전략서에 가깝다.

이 책에서 멍거가 전수하는 필살기는 바로 '격자모델Latticework of Mental Models'이다. 그는 수학, 심리학, 생물학 등 다양한 학문의 핵심 원리들을 격자처럼 엮어서 세상을 입체적으로 바라보라고 조언한다. (망치만 가진 사람은 모든 문제를 못으로 보게 된다는 그의 뼈 때리는 경고를 기억하자.) 버핏은 멍거의 이 조언을 받아들여 재무제표의 숫자 너머에 있는 비즈니스의 생태계와 인간의 심리를 꿰뚫어 보는 안목을 갖게 되었다. 여러 지식을 넘나들며 본질에 천착하는 이 사고방식이야말로 버크셔 해서웨이를 세계 최고의 기업으로 만든 진짜 엔진이었던 셈이다.

멍거는 성공하는 법보다 '실패하지 않는 법'에 지독하리만치 집착했다. 그는 인간이 흔히 저지르는 25가지 심리적 오류를 '오판의 심리학The Psychology of Human Misjudgment'이라는 이름으로 정리하며, 우리가 얼마나 자주 확증 편향이나 사회적 증거에 휘둘리는지 따끔하게 꼬집는다. 버핏이 "우리는 똑똑해지려 노력하기보다, 바보 같은 짓을 안 하려고 노력했다"라고 말한 이유다. 고수들의 투자 비결이 '더 많이 맞히는 것'이 아니라 '남들이 다 하는 멍청한 실수를 덜 하는 것'에 있다는 거다.

   제1부. 흔들리지 않는 기준이 부의 크기를 결정한다

결국 찰리 멍거의 지혜는 '지적 정직함'으로 귀결된다. 자신이 무엇을 모르는지 정확히 아는 것, 그리고 그것을 인정하는 용기가 거장을 만든다. 지금 초조해하며 급등주를 쫓거나 누군가의 리딩에 내 돈을 맡기고 싶다면, 당장 이 책을 펼쳐 멍거의 거침없는 독설을 마주하라. 책을 읽고나면 당신은 기업의 가치를 매기기 전에 자신의 사고방식부터 점검하는 자질에 대해 생각하게 될 것이다. 남들과는 다른 결을 가진 통찰력이야말로 시장에 '숨겨진 보물'을 발견하는 비결임을 잊지 말자.

✺ 이렇게 읽어보자!

이 책은 워낙 방대해서 한 번에 다 읽으려 하기보다, 멍거의 강연문을 하나씩 아껴가며 소화하는 게 좋다. 특히 '오판의 심리학' 파트는 당신이 왜 매번 고점에서 사고 저점에서 파는지 그 심리적 독소 조항들을 적나라하게 보여줄 것이다. 만약 지금 당신의 투자가 꼬여 있다면, 당장 멍거의 '역발상Invert, always invert' 원칙을 떠올려보자. 성공하려 애쓰지 말고, 망하지 않으려면 무엇을 피해야 할지 거꾸로 생각하는 시간은 생각보다 소중하다.

우리는 책의 행간에서 멍거의 '독립적 사고'를 배워야 한다. 막연한 추측이 격자모델이라는 견고한 논리로 바뀌는 순간, 어떤 시장의 파고에도 흔들리지 않는 단단한 원칙 하나를 만들게 될 것이다.

13.

『잭 웰치 끝없는 도전과 용기』

원서: Jack
저자: 잭 웰치 (Jack Welch, 1935~2020)

"자신의 운명을 스스로 지배하라.
그렇지 않으면 누군가가 당신의 운명을 지배할 것이다."

경영의 역사에서 잭 웰치만큼 호불호가 갈리면서도 강렬한 족적을 남긴 이는 드물 것이다. GE를 세계 최고의 가치를 지닌 공룡 기업으로 탈바꿈시킨 그가 자신의 경영 인생을 날것 그대로 기록한 책이 바로 이 『잭 웰치 끝없는 도전과 용기』다. 워런 버핏은 그를 두고 "역사상 가장 유능한 CEO 중 한 명"이라며 경의를 표했는데, 사실 이 책은 뻔한 성공담보다는 거대한 조직을 어떻게 기민하게 살려낼 것인가에 대한 처절한 '생존 투쟁기'에 가깝다.

     제1부. 흔들리지 않는 기준이 부의 크기를 결정한다

이 책에서 웰치가 목소리 높여 강조하는 것은 조직의 '속도'와 '단순함'이다. 그는 1등이나 2등이 될 수 없는 사업부는 과감하게 도려내고, 관료주의에 물든 조직의 허례허식을 사정없이 깨부수었다. (그에게 '중성자탄 잭'이라는 무시무시한 별칭이 붙은 것도 이 타협 없는 결단력 때문이었다.) 버핏은 웰치의 행보를 보며 기업이 정체되지 않기 위해 리더의 강력한 '배짱'이 얼마나 중요한지 깊이 통찰했다. 버핏의 투자가 겉으로는 고요해 보여도, 그가 선택한 기업의 내부는 더할 나위 없이 역동적이었던 이유다. 그는 웰치가 강조했던 효율의 엔진이 쉼 없이 돌아가는 기업만을 골라내 투자했다.

이 책에서 특히 흥미로운 지점은 웰치가 말하는 '사람 중심의 경영'이다. 그는 기술보다 사람을 우선시했고, 인재를 발굴하고 교육하는 데 자신의 에너지 절반 이상을 쏟아부었다. 바로 이 지점이 버핏이 "좋은 경영진이 이끄는 회사를 사라"고 강조하는 것과 맥락이 닿아 있다. 잭 웰치는 이 책을 통해 경영이란 결국 적임자를 적재적소에 배치하고 그들이 마음껏 역량을 펼칠 수 있게 만드는 '사람의 예술'임을 증명한다. 버핏 역시 이런 인재 경영 방식을 높이 사며, 버크셔 해서웨이의 자회사 경영진을 전적으로 신뢰하고 맡기는 경영의 묘미를 발휘해 왔다.

잭 웰치의 이야기는 우리가 투자할 때 리더가 가져야 할 '진심'과 '독기'가 얼마나 필요한지를 현실감 있게 보여준다. 버핏이 전설적인 성과를 낸 비결도 웰치처럼 자신의 운명을 스스로 개척하고, 원칙 앞에서 타협하지 않는 리더들을 지지하며 파트너가 되었기 때문이다. 지금 당신의 포트폴리오에 담긴 기업의 수장은 과연 운명의 키를 쥐고 있는가, 아니면 시장의 소음 속에 표류하고 있는가? 이 질문에 답하기 위해 이 책의 문장들을 꼼꼼히 씹어보는 시간을 가져보길 바란다.

✦ 이렇게 읽어보자!

경영이라는 단어가 내 삶과 거리가 멀게 느껴진다면, 웰치가 조직의 군살을 빼기 위해 벌였던 치열한 과정들을 '나의 포트폴리오 관리'에 대입해 보자. 만약 당신의 계좌에 1등도 2등도 아닌 어중간한 종목들이 자리를 차지하고 있다면, 당장 웰치의 '매각 원칙'을 떠올려봐야 한다. 특히 인재 선발과 보상에 대한 그의 확고한 기준은 기업의 본질을 파악하는 데 큰 도움이 된다. '기업의 가치는 결국 사람이 만든다'는 사실을 잊지 말자.

『중산층은 어떻게
머니 클래스에 합류했는가』

원서: A Piece of the Action
저자: 조 노세라 (Joe Nocera, 1952~)

**"신용카드는 중산층에게
새로운 금융 가능성의 세계로 들어가는 여권이 되었다."**

오늘날 우리는 신용카드를 긁고 펀드에 가입하는 것을 너무나 당연하게 여기지만, 불과 몇십 년 전만 해도 이런 풍경은 상상조차 할 수 없었다. 조 노세라의 『중산층은 어떻게 머니 클래스에 합류했는가』는 평범한 사람들이 어떻게 은행 예금이라는 좁은 울타리를 넘어 거대한 금융 시장의 주인공으로 변모했는지를 추적한 현대 금융의 대서사시다. 워런 버핏이 이 책을 강력히 추천한 이유는, 우리가 발을 딛고 있는 자본주의 시장의 '게임의 법칙'이 어떻게 재편되었는지, 그리고 대중의 '돈 쓰는 습관'이 어떻게 바뀌어 왔는지를 이보다 더 생생하게 보여주는 책은 없기 때문이다.

1950년대와 1960년대에 등장한 신용카드는 이름만 바뀐 외상 장부가 아니었다. 자본도 금융 지식도 없던 중산층에게 그것은 완전히 새로운 경제의 문을 열어주는 '여권'이나 다름없었다. 사람들은 카드로 맘껏 소비하고, 은행 돈을 빌려 집을 샀으며, 뮤추얼 펀드에 가입해 난생처음 '투자자'라는 짜릿한 타이틀을 달았다. 버핏은 1995년 주주총회에서 이 책을 치켜세우며 "신용카드 산업이 어떻게 크고 왜 그렇게 돈을 쓸어 담는지 알 수 있다"고 말했다. 금융회사의 가장 튼튼한 해자가 바로 이 '평범한 사람들의 소비 습관' 위에 세워졌다는 걸 완벽하게 꿰뚫어 본 것이다. (그가 아메리칸 익스프레스에 오랫동안 뭉칫돈을 묻어둔 이유도 결국 이 거대한 흐름을 읽었기 때문이다.)

하지만 무대의 조명이 밝아질수록 그림자도 짙어지는 법. 이 책은 금융의 대중화가 불러온 아찔한 리스크도 가감 없이 폭로한다. 신용카드는 통제 불능의 과소비를 낳았고, '영끌' 대출은 불황기마다 가계 파산이라는 비극을 불렀다. "당신도 부자가 될 수 있다"는 펀드의 달콤한 유혹은 사람들을 무자비한 시장의 변동성 앞에 맨몸으로 내던지기도 했다. 성공 신화로만 포장하지 않고 인간의 욕망과 금융이

 제1부. 흔들리지 않는 기준이 부의 크기를 결정한다

뒤엉킨 서늘한 민낯을 정직하게 담아냈기에 이 책의 통찰이 더욱 빛난다.

워런 버핏이 여기서 길어 올린 교훈은 명쾌하다. 금융 산업을 굴리는 진짜 동력은 천재들의 수학 모델이 아니라, 돈을 쓰고 빌리고 불리려는 인간의 지극히 자연스러운 '행동 패턴'이라는 점이다. 아메리칸 익스프레스는 물론 GEICO나 코카콜라 같은 그의 전설적인 포트폴리오 역시 일시적인 유행이 아니라 대중의 뼛속까지 스며든 습관을 겨냥한 결과물이었다. 평범한 예금주에 불과했던 이들이 위험을 감수하는 '머니 클래스'로 변모해 간 이 거대한 여정을 따라가다 보면, 자본주의 시장이 진짜로 어떻게 작동하는지 그 속살을 선명하게 마주하게 될 것이다.

✦ 이렇게 읽어보자!

다시 말하지만, 『중산층은 어떻게 머니 클래스에 합류했는가』는 금융기술을 설명하는 책이 아니라, 금융이 사람들의 습관을 어떻게 바꾸었는지를 추적한 기록이다. 따라서 이 책을 읽을 때는 새로운 상품이 등장하는 순간보다, 그것이 사람들의 일상에 어떤 변화를 가져왔는지를 살펴보는 것이 중요하다. 오늘 우리가 신용카드, 대출, 펀드에 둘러싸여 살아

가는 방식은 이 책이 묘사한 역사적 궤적의 연속선상에 있다. 버핏이 말
했듯, 금융의 본질은 숫자가 아니라 사람의 행동이다. 이 책은 그 행동의
역사를 통해, 지금 우리의 선택을 되돌아보게 만든다.

 제1부. 흔들리지 않는 기준이 부의 크기를 결정한다

15.

『월마트, 두려움 없는 도전』

원서: Sam Walton
저자: 샘 월튼 (Sam Walton, 1918~1992), 존 휴이 (John Huey, 1948~)

"우리의 상사는 단 한 명, 바로 고객이다.
고객은 다른 곳에 돈을 쓰는 것만으로도
회장부터 말단 직원까지 우리 모두를 해고할 수 있다."

워런 버핏은 2004년 버크셔 해서웨이 주주총회에서 자신의 가장 뼈아픈 실수 중 하나로 "월마트 주식을 너무 일찍 팔고, 또 충분히 사지 않은 것"을 꼽았다. 그 대가로 무려 80억 달러(약 10조 원) 이상의 기회비용을 날렸다고 고백했을 정도다. 도대체 오마하의 현인조차 땅을 치고 후회하게 만든 월마트의 진짜 저력은 무엇이었을까? 월마트의 창업자 샘 월튼이 죽기 직전 병상에서 완성한 이 자서전 속에 그 해답이 고스란히 담겨 있다.

스스로를 "창조자가 아닌 관찰자"라 불렀던 샘 월튼의 일상은 화려한 CEO의 삶과는 거리가 멀었다. 그는 낡은 픽업트럭을 몰고 전국을 누비며 매장을 점검했고, 주말이면 경쟁사의 가격표를 염탐(?)하며 끊임없이 원가를 낮출 궁리를 했다. (이게 한두 번의 쇼가 아니라 평생 이어온 지독한 습관이었다니 놀랍지 않은가!) 버핏은 거창한 전략 파일보다 매장 진열대 먼지를 직접 닦아내는 월튼의 땀내 나는 현장을 보며, "성공은 위에서 내려오는 비전이 아니라 현장의 작은 태도들이 쌓여 만들어진다"는 진리를 다시금 확인했다.

이 책의 진짜 매력은 뻔한 영웅담이나 포장된 성공 신화가 아니라는 데 있다. 월튼은 광고나 화려한 언변 대신 철저하게 비용 절감과 고객 만족에만 매달렸다. 가격을 속이거나 장부를 꾸미는 일은 그의 사전에 없었다. 버핏이 그를 "내가 가장 존경하는 실무형 리더"라고 극찬한 이유도 바로 이 투명함과 우직함 때문이다. 심지어 월튼은 자신이 저지른 치명적인 실수나 실패한 매장 이야기까지 가감 없이 털어놓으며 스스로를 "완성형이 아니라 진행형"이라고 낮춘다. 경영자의 알량한 자존심보다 고객의 영수증을 먼저 챙긴 진짜 장사꾼의 면모를 보여준 것이다.

월튼이 남긴 가장 위대한 유산은 "가장 똑똑한 생각은 회의실이 아니라 가게 진열대에서 나온다"는 실용주의 철학이다. 버핏은 월마트라는 거대한 간판보다 '샘 월튼'이라는 사람 자체의 광적인 집념을 신뢰했다. 투자자로서 우리가 눈여겨봐야 할 대목이 바로 여기 있다. 위대한 기업을 지탱하는 건 요란한 마케팅이나 복잡한 시스템이 아니라, 결국 창업자의 확고한 철학과 그것을 지독하게 밀어붙이는 '기질'이라는 사실 말이다.

✦ 이렇게 읽어보자!

경영서 코너에 꽂혀 있다고 해서 스티브 잡스식의 거창한 혁신 이론을 기대했다면 번지수를 잘못 찾았다. 이 책은 '매일 똑같은 일을 어떻게 남들보다 1센트 더 싸고 친절하게 해냈는가'를 증명하는 끈적한 생존 기록이다. 혹시 쳇바퀴 도는 일상이 지겹거나, 남들이 알아주지 않는 나의 성실함이 문득 헛수고처럼 느껴지는 날이 있는가? 그렇다면 내일 아침 출근길에 당장 이 책을 펼쳐보자. 지름길만 찾는 세상에서, 정직한 땀방울의 가치를 가장 날카롭게 일깨워 줄 최고의 '모닝콜'이 되어줄 것이다.

16.

『문 앞의 야만인들』

원서: Barbarians at the Gate
저자: 브라이언 버로 (Bryan Burrough, 1961~), 존 헬리어 (John Helyar, 1951~)

"조직을 세우는 바로 그 순간부터, 조직은 부패하기 시작한다."

워런 버핏은 1988년 미국 경제사를 뒤흔든 RJR 나비스코^{RJR Nabisco}의 초대형 인수 전쟁에 참여해달라는 제안을 받았다. 하지만 그는 이 달콤한 제안을 단칼에 거절했다. 그 이유는 아주 명쾌했다. "숫자는 맞아떨어졌지만, 이야기로는 틀렸다"는 것이다. 브라이언 버로와 존 헬리어가 쓴 『문 앞의 야만인들』은 버핏이 왜 그 돈잔치를 멀리했는지, 그 서늘한 내막을 르포 형식으로 생생하게 폭로한 책이다.

매일 즐겨 찾는 오레오 쿠키와 담배를 팔던 이 친숙하고 평범한

  제1부. 흔들리지 않는 기준이 부의 크기를 결정한다

기업은 하루아침에 월스트리트 거물들의 탐욕이 무자비하게 격돌하는 머니 게임의 전쟁터로 전락하고 말았다. CEO 로스 존슨Ross Johnson은 회사의 가치를 지키기보다 경영진의 주머니를 먼저 불리려 했고, 이 틈을 타 KKRKohlberg Kravis Roberts & Co. 같은 사모펀드와 월가의 투자은행 들이 막대한 차입금(빚)을 무기로 달려들었다. 내 돈은 쥐꼬리만큼만 들이고 인수할 회사의 자산을 담보로 천문학적인 빚을 끌어와 회사를 통째로 삼키는 수법, 이것이 바로 당시 역사상 최대 규모를 기록하며 자본주의 탐욕의 상징이 된 LBO(차입매수) 사태다. 저자들은 협상 테이블에서 매일같이 쏟아지던 새로운 제안과 반격, 그리고 그 이면에 도사린 인간의 허영과 자존심을 마치 한 편의 스릴러 소설처럼 치밀하게 그려낸다.

버핏은 담배 사업이라는 태생적 한계에 더해, 광기 어린 탐욕이 결합된 이 거래의 구조 자체를 전혀 신뢰하지 않았다. 이는 단지 돈의 문제가 아니라 기업이 나아갈 방향의 문제라고 보았기 때문이다. 결국 그의 직감대로, 인수 이후의 나비스코는 극심한 내부 갈등과 기업 문화의 붕괴를 겪으며 끝없는 혼란의 늪에 빠지고 말았다. 워런 버핏은 이 사건을 지켜보며 "돈은 거래의 재료일 뿐이고, 그 돈이 어떤 흐름으로 쓰이는지가 사람의 철학을 드러낸다"는 묵직한 소회를 남겼다.

『문 앞의 야만인들』은 제목답게 "합리성의 가면을 쓴 이기심이 어떻게 시장을 집어삼키는가"를 낱낱이 해부한 인간 탐욕의 관찰기에 가깝다. 아무리 높은 수익성이 보장된 거래라도 그 바탕에 깔린 가치관이 썩어 있다면, 그것은 성공의 신호탄이 아니라 파멸의 카운트다운일 뿐이다. 자본의 세계가 늘 효율과 합리성으로 굴러가는 것 같아도, 결국 그 바닥에는 항상 불안과 허영, 그리고 집단 심리가 끈적하게 얽혀 있다는 사실을 우리는 이 책에서 뼈저리게 느끼게 된다.

✦ 이렇게 읽어보자!

이 책은 오늘날의 M&A, 스타트업 투자, 나아가 일상적인 의사결정에 이르기까지 우리가 마주하는 '탐욕과 철학의 갈림길'을 생생하게 보여주는 훌륭한 교재다. 책을 제대로 흡수하려면 겉으로 보이는 거래의 결말이나 승패를 따지는 데 만족하지 말고, 그 무대 위에서 '누가, 어떤 동기로 움직였는지'를 집요하게 추적해 보자. 그 동기가 어떻게 조직을 병들게 하고 인간적인 함정을 파놓았는지 따라가다 보면, 숫자 너머에 숨겨진 진짜 교훈이 보일 것이다. 모든 위대한 거래는 숫자로 시작되지만, 결국 철학으로 끝맺는다는 진실을, 우리는 절대 잊지 말아야 한다.

『스트레스 테스트』

원서: Stress Test
저자: 티머시 가이트너 (Timothy F. Geithner, 1961~)

**"계획이 없는 것보다는 어떤 계획이든 있는 것이 낫다.
최악의 선택지라도 아무 선택도 하지 않는 것보다는 낫다."**

워런 버핏은 평소 정치인이나 고위 관료가 쓴 회고록을 즐겨 읽지 않는다. 자기 합리화나 변명으로 가득 찬 경우가 대부분이기 때문이다. 하지만 2008년 글로벌 금융위기 당시 뉴욕 연방준비은행 총재이자 훗날 재무장관을 지낸 티머시 가이트너의 책만큼은 예외였다. 버핏 역시 그 아비규환의 한복판에서 시장의 붕괴를 온몸으로 겪어낸 당사자였기에, 이 책을 읽고 "이보다 더 정직한 회고록은 본 적이 없다"며 극찬을 아끼지 않았다.

이 책은 정책이 얼마나 성공적이었는지 늘어놓지 않는다. 부동산 거품이 터지고 리먼 브라더스, AIG, 씨티그룹 같은 월스트리트의 거인들이 도미노처럼 쓰러지던 그 숨 막히는 순간을 생생히 담아낼 뿐이다. "도대체 정부가 어디까지 개입해야 하는가? 국민의 분노가 하늘을 찌르는데, 시스템 붕괴를 막기 위해 이 탐욕스러운 은행들을 세금으로 살려야만 하는가?" 가이트너는 이 잔인한 딜레마 앞에서 겪어야 했던 뼈아픈 갈등과 참혹했던 실패의 후유증까지 가감 없이 털어놓는다.

여기서 버핏이 가장 깊이 공감한 대목은 바로 리스크^{Risk}를 대하는 리더의 태도다. 가이트너는 "가장 큰 리스크는 행동하지 않는 것에서 나온다"고 짚어낸다. 위기가 닥쳤을 때 책임자들이 완벽한 해답만 찾으며 결정을 미루면, 그 머뭇거림 자체가 시장의 공포를 증폭시켜 재앙을 키운다는 것이다. 버핏이 금융위기가 최고조에 달했던 그 혼돈 속에서 골드만삭스에 50억 달러라는 천문학적인 돈을 과감하게 투자할 수 있었던 이유도, 결국 숫자를 넘어선 '행동하는 결단력'의 가치를 누구보다 잘 알았기 때문이다.

거품 붕괴라는 리스크를 늘 머리에 이고 살아야 하는 주식 시장에서, 우리는 이 책을 훌륭한 실전 지침서로서 펼쳐볼 필요가 있다. 거대한 불확실성 속에서 인간이 어떻게 판단하고 행동해야 하는가를 묻고 있기 때문이다. 모든 것이 무너져 내리는 순간, 불완전한 정보를 쥐고서라도 기어이 앞으로 나아가는 방향을 선택하는 결단의 무게를 우리는 이 책에서 현실감 있게 느낄 수 있다.

🧭 이렇게 읽어보자!

이 책을 읽을 때는 스스로 위기의 상황실 한가운데에 서 있다고 상상해 보자. 가이트너가 '무엇을 했는가'라는 결과론적인 잣대에 집착하기보다, 그 순간 그가 '왜 그런 욕먹는 선택을 할 수밖에 없었는가'를 집요하게 추적해야 한다. 진짜 리더란 완벽한 정답을 내놓는 사람이 아니라, 모든 선택지가 최악인 상황에서도 도망치지 않고 책임을 지며 결단을 내리는 사람이다. 만약 당신이 투자나 인생에서 끝없는 불확실성 앞에 마주 서 있다면, 이 책은 두려움을 뚫고 나갈 훌륭한 나침반이 되어 줄 것이다.

18.

『존 보글 가치투자의 원칙』

원서: The Clash of the Cultures
저자: 존 C. 보글(John C. Bogle, 1929~2019)

"투자자들은 장기 수익의 '복리 마법'뿐만 아니라,
결국 그 마법을 집어삼키는 '복리 비용의 폭정'을 반드시 이해해야 한다."

워런 버핏은 투자할 기업이나 펀드를 고를 때 수익률보다 앞서 경영자의 '양심'을 묻는다.

"이 경영자는 자신을 위해 일하는가, 아니면 투자자를 위해 일하는가?"

인덱스 펀드의 창시자 존 보글이 쓴 『존 보글 가치투자의 원칙』은 바로 이 근본적인 질문에 대한 월스트리트의 고발장이자 가장 명쾌한 대답이다. 버핏은 2012년 주주 서한에서 이 책을 직접 추천하며, 평생 자신이 걸어온 투자의 길을 가장 완벽하게 대변해 주는 책이라고 극찬했다.

보글은 평생을 금융계에서 보내며 월스트리트에서 두 개의 상반된 문화가 정면으로 충돌하는 것을 목격했다. 하나는 기업의 가치를 장기적으로 소유하며 그 열매를 함께 나누는 '투자의 문화'이고, 다른 하나는 잦은 매매와 비싼 수수료에 목을 매는 '투기의 문화'다. 문제는 오늘날 후자의 문화가 금융 산업을 완전히 집어삼켰다는 점이다.

보글은 펀드매니저들의 탐욕스러운 보상 체계와 복잡한 비용 구조가 어떻게 투자자의 실제 수익을 갉아먹고 있는지 수치와 사례로 적나라하게 폭로한다. 그의 결론은 단호하다.

"월스트리트는 투자자에게 정당한 대우를 하지 못하고 있다".

이 책이 위대한 이유는 단순히 금융계를 비판하는 데 그치지 않고, 투자자가 스스로를 지킬 수 있는 '원칙'까지 세워주기 때문이다. 보글은 기업의 본질적 가치에 주목하고, 주식을 장기적으로 소유하며, 비용을 최대한 낮추라는 3가지 단순한 진리를 강조한다. 이는 "시장의 소음에 흔들리지 말고 기업의 주인이 되어라"라고 외쳐온 버핏의 평생 철학과 완벽하게 일치한다. 서로 다른 길을 걸어온 두 거장의 철학이 '비용 최소화'와 '장기 소유'라는 같은 종착지에서 만난 셈이다.

결국 이 책은 우리에게 불편하지만 피할 수 없는 질문을 던진다. "당신은 지금 투자의 문화 속에 있는가, 아니면 투기의 문화에 휩쓸려 있는가?"

매끄러운 금융 상품의 포장지를 벗겨내고 그 속의 진짜 비용을 마주할 용기가 생겼다면, 당신은 이미 시장이 말하는 '호구'에서 벗어나 진짜 투자자의 길로 들어선 것이다.

✦ 이렇게 읽어보자!

『존 보글 가치투자의 원칙』을 읽을 때는 내가 가입한 펀드나 주식 계좌의 '수수료 내역'을 옆에 펼쳐두고 읽어보면 좋다. 보글이 말하는 '복리 비용의 폭정'이 남의 이야기가 아니라 내 계좌에서 매일 벌어지고 있는 일임을 깨닫는 순간, 정신이 번쩍 들 테니까. 그런 후 왜 우리가 단기 성과에 집착할수록 금융회사만 배를 불리는지(이번 달 당신 모르게 빠져나간 매매 수수료를 한번 찾아보라!), 그 불편한 진실을 추적해 보자. 투자자가 길을 잃었을 때 돌아가야 할 곳은 복잡한 매매 기법이 아니라 "기업의 주인으로 남으라"는 가장 명료한 가르침뿐임을 이 책은 보여준다.

  제1부. 흔들리지 않는 기준이 부의 크기를 결정한다

3장

시장을 꿰뚫는 지혜

: 경제, 심리, 역사

> "시장을 이기는 법은 없다.
> 우리가 할 수 있는 유일한 일은
> 시장의 본질을 깊이 읽어내는 것뿐이다."

19.

『비이성적 과열』

원서: Irrational Exuberance
저자: 로버트 쉴러 (Robert J. Shiller, 1946~)

시장은 늘 사람들의 기대와 욕망, 두려움과 낙관이 복잡하게 얽혀 움직인다. 워런 버핏은 그 흐름을 누구보다 잘 읽어냈지만, 시장을 전적으로 신뢰하지는 않았다. 그는 "시장은 때때로 완전히 미쳐 있다"며 집단 심리가 만들어내는 거대한 파도를 늘 경계했다. 노벨 경제학상 수상자 로버트 쉴러의 『비이성적 과열』은 바로 그 시장의 광기와 본질을 가장 집요하게 파고든 책이다.

이 책은 닷컴 버블이 정점을 찍기 직전인 2000년에 세상에 나왔다. '닷컴 버블'. 굉장히 낯익지 않은가? 맞다. 요즘 여러 경제 매체에서 과거의 교훈으로 끊임없이 소환하고 있는 바로 그 단어다. 그때는 기술주에 대한 열광이 온 시장을 뒤덮고, 누구나 주식으로 벼락부자가 될 수 있다고 믿던 시절이었다. 모두가 환호할 때 쉴러는 단호하게 "지금의 상승은 근거 없는 낙관주의에 불과하다"고 경고했다. 그리고 머지않아 그의 경고대로 시장은 붕괴했고, 쉴러는 '버블을 예측한 학자'로 단숨에 명성을 얻었다. 이 책에서 그는 그저 주가 등락을 분석하는 데 그치지 않고, 심리학과 역사, 통계를 넘나들며 사람들이 어떻게 스스로를 속이고 집단의 논리에 마비되는지를 낱낱이 밝혀냈다. 거품이 가장 위험해지는 순간은, 역설적이게도 그 누구도 그것이 거품임을 인정하지 않을 때라는 사실과 함께 말이다.

버핏은 이런 쉴러를 두고 "시장에 가장 적절한 거리감을 가진 사람"이라고 평가했다. 실제로 버핏은 1990년대 후반 닷컴 광풍 속에서 "나는 이 흐름이 납득되지 않는다"며 조용히 시장에서 발을 뺐다. (참고로 버크셔 해서웨이는 2026년 현재도 역대 가장 많은 현금을 보유하고 있어, 끝없는 상승장에 취한 많은 투자자들을 은근한 두려움에 떨게 한다!) 세상은 당시의 그를 시대에 뒤처진 늙은이라며 비웃었지만, 거품이 잔혹하게 꺼진 뒤 살아남은 건 결국 흔들림 없이 원칙을 지킨 버핏뿐이었다.

     제1부. 흔들리지 않는 기준이 부의 크기를 결정한다

『비이성적 과열』은 끝없는 상승장에 신이 나 있는 투자자에게 "나는 지금 무엇에 휘둘리고 있는가?"라는 불편한 질문을 던지는 책이다. 정보가 홍수처럼 쏟아지는 지금은 남들보다 정보를 빨리 얻는 것보다 "이 정보는 믿을 만한가?"를 따져 묻는 통찰이 훨씬 중요하다. 버핏이 평생에 걸쳐 그 질문을 던졌다면, 쉴러는 그 질문이 왜 중요한지를 구조적으로 완벽하게 풀어냈다.

목표한 수익율을 달성했다면, 워런 버핏도 감탄한 이 책을 통해 잠시 달리는 말에서 내려와 자신의 계좌를 돌아보는 것도 좋겠다.

✦ 이렇게 읽어보자!

시장의 뜨거운 열기에 깊이 몰입할수록 객관적인 시선을 유지하기란 불가능에 가깝다. 물론 상승장에서 매도 버튼을 누르는 것은 너무나 어려운 일이다. 그러나 버핏이 닷컴 버블의 광기 속에서 조용히 현금을 쥐고 때를 기다렸던 것처럼, 일부를 현금화하여 단단한 안전망을 구축하는 것만이 거품이 꺼진 뒤에도 살아남는 진짜 투자자의 자세다. 이 책은 탐욕을 향해 질주하는 당신의 마음에 강력한 브레이크를 걸어줄 최고의 안전장치다.

『대폭락 1929』

원서: The Great Crash 1929
저자: 존 케네스 갤브레이스 (John Kenneth Galbraith, 1908~2006)

"금융의 환상이나 광기로부터 우리를 보호하는 데 있어,
기억은 그 어떤 법이나 규제보다 훨씬 강력하다."

워런 버핏은 『대폭락 1929』를 두고 "과거 시장의 붕괴가 표면적인 숫자의 폭락이 아니라, 인간 심리가 집단적으로 무너지는 과정이었음을 보여주는 교과서"라고 극찬했다. 갤브레이스는 1929년의 그 참혹했던 붕괴 과정을 딱딱한 경제 수치로만 나열하지 않는다. 대신, 주가가 치솟을 때 투자자들이 어떻게 맹신에 빠지고 경고를 무시하는지, 그리고 그 확신이 어떻게 한순간의 공포로 바뀌어 눈덩이 같은 붕괴를 부르는지 사람들의 '감정 곡선'을 따라 치밀하게 추적한다. 버핏은 이 책을 통해 "시장도 사람처럼 두려워하고, 기대하고,

     제1부. 흔들리지 않는 기준이 부의 크기를 결정한다

그리고 잊는다"는 진실을 제대로 확인했다.

이 책을 관통하는 갤브레이스의 메시지는 명쾌하다. "시장은 잊는다. 사람도 잊는다. 그리고 잊었을 때, 위기는 시작된다"는 것이다. 언론과 정부, 월가의 거물들이 근거 없는 확신을 퍼뜨리며 대중을 집단적 오판으로 몰아넣는 과정은 예나 지금이나 소름 돋게 똑같다. 갤브레이스는 이를 냉정하면서도 날카로운 유머로 꼬집는데, 버핏은 사건을 과장하지 않으면서도 본질을 찌르는 이 문체를 특히 사랑했다. 버핏은 여기서 "합리적 사고가 다수일 때, 오히려 더 위험할 수 있다"는 묵직한 교훈을 얻었다. 그래서 그는 어떠한 투자 흐름이 너무 많은 사람에게 똑같이 좋아 보일 때면, 오히려 잠시 멈춰 서서 스스로 근거를 점검하는 습관을 들였다.

결국 갤브레이스가 우리에게 던지는 가장 매서운 경고는 바로 이것이다. "가장 흔한 착각은, 이번만은 과거와 다르다는 믿음이다. 그러나 역사는 그런 믿음을 결코 용서하지 않았다." 흥미롭게도 이 말 역시 최근 여기저기서 많이 소환되고 있다. 그렇다는 것은 갤브레이스에 의하면 일단 한번 브레이크를 잡아야 한다는 뜻이기도 하다.

버핏은 이 책을 덮으며 공황은 결코 회계 장부의 숫자에서 시작되는 것이 아니라 사람의 마음에서 시작된다는 것을 깨달았다. 그래서 위기가 닥치기 전, 지표보다 먼저 사람들의 태도와 언행에서 징후를 읽어내는 안목을 길렀다. "과거를 되돌아본다는 건 미래를 더 신중하게 맞이하는 일"이라는 그의 믿음은 이 책을 통해 더욱 굳건히 뿌리내린 듯 싶다.

✹ 이렇게 읽어보자!

『대폭락 1929』는 분명 경제학 책이지만, 펼치는 순간 소설처럼 빠져들고 다 읽고 나면 심리학 책처럼 머릿속에 강렬하게 남는다. 1920년대 사람들의 맹목적인 투자 스토리를 따라가다 보면, 어느 순간 "어? 이거 지금 내 이야기 아닌가?" 하며 멈칫하게 될 것이다. (나 역시 그랬다!)

갤브레이스의 말처럼 "가장 널리 퍼지는 확신일수록 사실에 의해 가장 적게 검증된다." 위기는 우리가 과거의 뼈아픈 실수를 잊는 바로 그 순간 시작된다.

『대중의 미망과 광기』

원서: Extraordinary Popular Delusions and the Madness of Crowds
저자: 찰스 맥케이 (Charles Mackay, 1814~1889)

"사람들은 떼를 지어 생각하고, 떼를 지어 미쳐버리며,
오직 천천히 그리고 한 사람씩 제정신을 차린다."

워런 버핏의 가장 유명한 투자 격언 중 하나는 "남들이 탐욕스러울 때 두려워하고, 남들이 두려워할 때 탐욕스러워져라"다. 이 짧은 문장 속에는 대중과 반대로 걷겠다는 거장의 단단한 고집이 담겨 있다. 영국의 언론인 찰스 맥케이가 1841년에 출간한 『대중의 미망과 광기』는 버핏이 왜 그토록 '군중 심리'를 경계했는지, 그 역사적 뿌리를 가장 완벽하게 보여주는 고전 중의 고전이다.

이 책은 네덜란드의 튤립 파동, 영국의 남해회사 물거품, 프랑스의 미시시피 계획 등 역사상 가장 거대했던 투기 광풍의 민낯을 해부한다. 흥미로운 점은 수백 년 전의 이야기임에도 불구하고, 묘사되는 사람들의 행동이 지금의 묻지마 투자나 코인 광풍, 부동산 영끌 사태와 소름 돋도록 똑같다는 것이다. 이웃이 벼락부자가 되었다는 소문에 평범한 사람들이 생업을 내팽개치고 불나방처럼 투기판에 뛰어드는 모습은 예나 지금이나 자본주의의 변하지 않는 씁쓸한 풍경이다.

버핏은 이 책을 통해 "지능이 아무리 높은 사람이라도 군중에 휩쓸리는 순간 바보가 된다"는 사실을 뼈저리게 확인했다. 시장에 거품이 낄 때 사람들은 항상 "이번엔 다르다This time is different"며 새로운 경제 논리를 들이밀지만, 맥케이는 그것이 그저 탐욕을 포장하는 집단적 착각일 뿐임을 날카롭게 꼬집는다. 버핏이 유행을 좇지 않고 오직 기업의 본질적 가치에만 집착할 수 있었던 것도, 결국 대중의 광기 끝에 기다리는 것이 얼마나 처참한 파국인지 이 역사적 기록들을 통해 통렬히 학습했기 때문이다.

이 책은 "당신은 지금 스스로 생각하고 있는가, 아니면 무리의 함성에 취해 있는가?"라는 질문을 던져, 투자자 스스로 자신의 심리 상태를 점검하게 만든다. 기술이 발전하고 금융 시스템이 복잡해졌어

                          제1부. 흔들리지 않는 기준이 부의 크기를 결정한다

도, 투자 시장을 움직이는 본질은 결국 '인간의 탐욕과 공포'라는 원초적인 감정이다. 그 변하지 않는 인간의 본성을 꿰뚫어 보는 자만이 미쳐 돌아가는 시장에서 유일하게 제정신을 지킬 수 있다.

✴ 이렇게 읽어보자!

어느 날 갑자기 평소 주식의 '주'자도 모르던 직장 동료나 미용실 원장님이 특정 종목을 추천하며 열변을 토하기 시작한다면? 바로 그때가 이 책을 책장에서 꺼내 펼쳐야 할 완벽한 타이밍이다. 시장 전체가 맹목적인 상승의 기대감으로 들끓을 때, 이 책은 당신의 옆에서 조용히 "다들 미쳐가고 있으니 조심해!"라고 속삭여주는 하나의 이성적인 경고음이 될 것이다. 남들이 모두 달리는 말에 올라타 환호할 때, 이 책을 읽으며 조용히 구명조끼를 챙기는 법을 배워보자. 광기가 휩쓸고 간 뒤 살아남는 것은 결국 이단아처럼 홀로 깨어 있는 자들뿐이니까.

『군중심리』

원서: The Crowd
저자: 귀스타브 르 봉(Gustave Le Bon, 1841~1931)

"홀로 있을 때 그는 교양 있는 개인일지 모르지만,
군중 속에 있을 때 그는 본능에 따라 행동하는 야만인이 된다."

워런 버핏이 이 책을 대외적으로 필독서라 지칭하며 직접 추천한 공식 기록은 없다. 그러나 이 책이 다루는 핵심 주제는 시장을 대하는 버핏의 핵심 철학과 완벽하게 맞닿아 있다. 앞서 살펴본 찰스 맥케이의 책이 역사적 사건을 통해 집단적 오류의 겉모습을 보여주었다면, 19세기 프랑스의 사회학자 귀스타브 르 봉의 『군중심리』는 그 집단 오류가 도대체 어떤 심리학적 메커니즘을 거쳐 일어나는지를 뼛속까지 해부한다. 버핏이 그토록 경계했던 '전염되는 감정'과 '비합리적 군중'의 실체가 이 책에 고스란히 담겨 있는 것이다.

르 봉의 진단에 따르면, 평소 아무리 합리적인 개인이라도 군중 속에 들어서는 순간 비합리적이고 충동적인 존재로 돌변한다. 군중에 속한 개인은 스스로의 판단 능력을 잃어버리고, 책임감이 분산된다고 느끼기에 자율성을 던져버린 채 극도로 충동적인 행동을 저지른다. 미묘한 차이나 복잡한 논리는 사라지고 오직 흑백논리만이 감정을 증폭시킨다. 특히 르 봉이 "군중은 단순한 자극에도 과도하게 반응하고, 가장 엉뚱한 암시조차 진실로 받아들인다"고 경고한 대목은 이 책의 백미라 할 수 있다. 감정의 전염이 맹목적 확신으로, 그리고 돌이킬 수 없는 집단 행동으로 이어지는 끔찍한 패턴을 정확히 꿰뚫은 것이다.

놀라운 건 19세기 프랑스 혁명기나 종교 집회를 분석한 이 패턴이, 오늘날의 주식 시장에도 동일하게 적용된다는 사실이다. (소름돋을 정도로 어떤 역사는 똑같이 반복된다.) 수많은 투자자가 자기만의 굳건한 판단 기준이 있다고 믿지만, 어느새 시장 분위기에 휩쓸려 뉴스 헤드라인이나 커뮤니티 댓글, 자극적인 유튜브 썸네일에 이성을 통째로 빼앗기고 만다. 당신은 어떠한가?

버핏은 투자자가 스스로를 배신하는 이 흔한 방식을 철저히 경계했다. 그렇기에 그는 시장이 한 방향으로 쏠리고 모두가 같은 이유로 낙관할 때 가장 날을 세워 그것을 의심했고, 시장이 공포에 질려 패닉에 빠졌을 때 침착하게 그것을 기회로 삼았다. 르 봉의 통찰을 빌리자면, 버핏의 위대함은 단순히 재무제표를 잘 본 것이 아니라 '미쳐가는 군중에 동화되지 않고 홀로 이성적인 개인으로 남는 법' 을 알았다는 데 있다.

✨ 이렇게 읽어보자!

이 책은 고전 특유의 이론적 문체 때문에 처음엔 다소 부담스러울 수 있다. 그러니 억지로 처음부터 끝까지 꾹 참고 통독하려 애쓰지 말자. 서론과 제1부에 담긴 '군중의 심리적 법칙'을 먼저 읽고, 후반부에 나오는 선거나 의회 같은 구체적인 정치·사회 사례들을 골라 읽는 것이 훨씬 도움이 될 수 있다. 오늘날의 밈Meme 주식이나 암호화폐, 부동산 광풍을 머릿속에 떠올리며 읽다 보면, 19세기 르 봉의 분석이 지금 우리의 계좌 상황과 얼마나 찰떡같이 맞아떨어지는지 뼈저리게 느끼게 된다.

만약 당신의 머릿속에 "남들이 다 사니까 나도 사야지"라는 조급함이 피어오른다면, 바로 그 순간이 이 책을 펼쳐야 할 완벽한 타이밍이다. "군중은 단순한 자극에도 과도하게 반응한다"는 르 봉의 서늘한 경고. 이 문장을 가슴에 새기고 내 안의 군중성을 의심하는 것, 그것이 광기의 시장에서 제정신을 지키는 첫걸음이다.

23.

『리스크』

원서: Against the Gods
저자: 피터 번스타인 (Peter L. Bernstein, 1919~2009)

"리스크(Risk)라는 단어는 '감히 시도하다'라는 뜻의
초기 이탈리아어 '리시카레(risicare)'에서 유래했다.
이런 의미에서 리스크는 운명이 아닌 선택이다."

워런 버핏은 월스트리트의 복잡한 수학 모델이나 기계적인 주가 변동성을 리스크로 정의하는 현대 금융 이론을 몹시 싫어했다. 그에게 진짜 리스크란, 그저 "자신이 무엇을 하고 있는지 모르는 것"에서 오는 것일 뿐이다. 경제학자 피터 번스타인의 『리스크』는 인류가 어떻게 신의 영역(운명)에 머물던 불확실성을 인간의 영역(선택과 확률)으로 끌어내렸는지, 그 눈부신 투쟁의 역사를 추적한 걸작이다. 이 책은 리스크의 개념을 그 어떤 책보다 명확하게 설명해 준다.

번스타인에 따르면, 인류의 역사는 곧 '확률'을 발견하고 통제해온 과정이다. 르네상스 시대의 도박사들, 파스칼과 페르마 같은 수학 천재들이 주사위 놀이에서 확률 이론을 끌어냈고, 이것이 보험과 주식 시장을 거쳐 오늘날의 거대한 금융 시스템으로 발전했다. 흥미로운 점은, 리스크의 본질이 흔히 생각하는 '피해야 할 재앙이나 위험'이 아니라는 것이다. 어원인 '리시카레(감히 시도하다)'가 말해주듯, 리스크는 더 나은 미래를 위해 인간이 주도적으로 계산하고 감수해야 할 '선택'이다.

버핏이 시장을 대하는 태도 역시 이 어원과 완벽하게 일치한다. 수많은 투자자가 시장의 변동성을 통제 불가능한 운명처럼 두려워할 때, 버핏은 기업의 내재 가치를 분석하고 확률을 철저하게 계산하여 '감히 시도'했다. 남들이 막연한 공포에 사로잡혀 도망칠 때, 그는 철저하게 계산된 리스크를 짊어지는 선택을 한 것이다. 오마하의 현인이 무자비한 자본 시장에서 살아남아 세계 최고의 부를 쌓아올릴 수 있었던 가장 강력한 무기가, 바로 이것이 아니었을까.

장담하건대, 이 책을 읽기 전과 후 시장의 변동성을 대하는 당신의 태도는 완전히 뒤바뀔 것이다. 투자는 결코 신이 던지는 주사위에 계좌의 운명을 맡기는 수동적인 게임이 아니다. 오직 차트만 보고 어떤 기업인지도 모른 채 매수 버튼을 누르는 행위, 다시 말해 되면 좋고 안 되면 말고 식의 태도만큼 큰 리스크도 없다. 완벽하게 안전한 피난처는 애초에 시장 그 어디에도 존재하지 않는다. 중요한 것은 '피할 수 없는 위험' 앞에서 떠는 것이 아니라, '어떤 리스크를 기꺼이 짊어질 것인가'를 스스로 결정하는 일이다. 리스크의 본질을 맹목적인 '운명'이 아닌 주도적인 '선택'으로 받아들이는 순간, 막연한 공포는 비로소 철저하게 계산된 '기회'라는 강력한 무기로 탈바꿈할 것이다.

✴ 이렇게 읽어보자!

대부분의 독자들에게는 통계학이나 수학의 역사가 다소 낯설고 딱딱하게 느껴질 수 있다. 그런 이들은 이 책을 고대 철학자부터 현대 행동경제학자에 이르기까지, 천재들이 불확실성이라는 괴물과 싸워 이겨온 한 편의 무용담처럼 읽어보자. 만약 당신이 주식 투자를 하면서 그저 '운'에 기대거나, 막연한 직감에만 의존해 매매 버튼을 누르고 있다면 당장 이 책을 펼쳐야 한다. (누르기 전에 말이다!) 리스크의 역사를 따라가다 보면, 당신의 투자는 맹목적인 도박에서 이성적인 '확률 게임'으로 한 차원 진화하게 될 것이라 믿는다.

『실패하는 사람들의 10가지 습관』

원서: The Ten Commandments for Business Failure
저자: 도널드 R. 키오 (Donald R. Keough, 1926~2015)

"성공의 비결을 좇기보다,
실패의 덫을 피하는 법을 먼저 배워라."

워런 버핏의 제1원칙은 "절대 돈을 잃지 마라"다. 그다음 원칙은? "첫 번째 원칙을 잊지 말라"는 것. 싱거울 정도로 심플한 이 문장 안에 버핏 철학의 정수가 고스란히 녹아 있다. 다들 복잡한 수식과 기계적인 매매 기술에 매달릴 때, 그는 전혀 다른 곳을 본다. 숫자가 아니라 사람을, 성공이라는 소수의 확률보다 반복되는 실패의 패턴을 집요하게 읽어낸다.

그의 이런 생각을 가장 잘 보여주는 책이 전 코카콜라 사장 도널드 키오의 『실패하는 사람들의 10가지 습관』이다.

이 책이 만들어진 계기는 시작부터가 심상치 않다. 키오는 성공 비결을 들려달라는 요청에 "그런 건 나도 모른다"며 고개를 저었다. 대신 "어떻게 하면 확실하게 망가지는지는 알려줄 수 있다"며 강연의 방향을 통째로 뒤집었다. 이 유쾌한 역발상에 청중은 열광했고, 그 현장의 생동감이 책으로 묶였다.

버핏은 이 책을 두고 서문에 이렇게 썼다. "본질을 꿰뚫고 관료주의의 안개를 걷어내는 것, 그리고 단순함을 지키는 것." 빌 게이츠 역시 화려한 성공 신화가 꽂힌 서가보다 뼈아픈 실패의 기록이 담긴 몇 장의 종이가 더 훌륭한 스승이 될 것이라며 힘을 보탰다.

키오는 코카콜라 역사상 가장 뼈아픈 실책인 '뉴코크^{New coke}' 사태의 주역이기도 했다. (1998년, 경쟁사를 의식해 99년 된 전통의 맛을 버리고 새로운 맛을 내놓았다가 거센 역풍을 맞은 사건이다.) 결국 79일 만에 소비자들의 분노 앞에 직접 고개를 숙이며 사과했던 그는 뼈저리게 깨달았다. 무너지는 것은 기업이 아니라 결국 그 안의 '사람'이라는 것을. 전략이 틀려서가 아니라 리더의 내면에 깃든 오만과 독선이 실패의 씨앗이 된다는 사실을 말이다.

버핏이 재무제표보다 경영진의 성품을 깐깐하게 살피는 이유도 여기에 있다. 겉보기에 화려한 실적을 내고 있어도 안일함과 고립이라는 실패의 징후를 품은 경영자와는 결코 함께 걷지 않는다. 버핏에게 진짜 리스크 관리란 차트의 곡선을 살피는 기술이 아니라, 실패할 수밖에 없는 기질을 미리 알아보고 애초에 그 곁을 지나쳐가는 안목이다.

이렇게 읽어보자!

포트폴리오를 한번 거꾸로 뒤집어 '어떻게 하면 최고의 수익을 낼까?' 대신 이렇게 물어보는 것이다. '어떻게 하면 완벽하게 최악의 수익을 만들 수 있을까?' 이것이 바로 버핏과 찰리 멍거가 즐겨 쓰는 '역산 inversion' 사고법의 정수다. 수학자 카를 야코비는 이 방법을 "항상 뒤집어라"라는 말로 압축했다.

이 책에 담긴 10가지 실패의 계명을 거울삼아, 내가 지금 어떤 안일함이나 독선에 빠져 있는지 하나씩 점검해 보자. 실패를 향한 한 걸음이 제지되지 않으면 또 다른 한 걸음으로 이어진다. 반대로 실패로 향하는 문을 하나씩 없애다 보면, 어느새 무너지지 않는 단단한 자리에 서 있는 자신을 발견하게 될 것이다.

『부의 세계사』

원서: The Birth of Plenty
저자: 윌리엄 번스타인 (William J. Bernstein, 1948~)

"인류 역사의 99.9% 동안 평균적인 삶의 질은 거의 변하지 않았다.
그러다 19세기 초, 갑자기 모든 것이 치솟기 시작했다.
대체 무슨 일이 있었던 것일까?"

워런 버핏은 입버릇처럼 "미국의 미래에 베팅하라"고 말한다. 수많은 경제 위기와 폭락장 속에서도 결코 흔들리지 않는 그의 맹목적인(?) 낙관주의는 도대체 어디서 비롯된 걸까? 그 답은 개별 기업의 실적이 아니라, 부가 창출되는 '시스템 자체'를 꿰뚫어 보는 그의 거시적인 안목에 있다. 자 그럼, 미국 주식에 투자하고 있는 분들은 지금부터 집중해 보자.

신경과의사이자 금융사학자인 윌리엄 번스타인의 『부의 세계사』

는 버핏이 굳게 믿고 있는 그 '부의 시스템'이 어떻게 작동하는지를 역사적으로 완벽하게 증명해 낸 책이다. 번스타인은 수천 년간 가난에 허덕이던 인류가 어떻게 19세기 이후 갑자기 폭발적인 부를 거머쥐게 되었는지 추적한다. 그의 결론은 꽤나 단호하다. 부는 우연이나 특정 개인의 천재성에서 나오는 것이 아니라, 오직 4가지 필수 조건이 갖춰졌을 때만 탄생한다는 것이다. 그 4가지란 바로 '재산권, 과학적 합리주의, 자본 시장, 그리고 효율적인 교통·통신망'이다. 이러한 인프라가 튼튼히 깔리지 않으면 아무리 혁신적인 아이디어가 나와도 결코 지속적인 경제 성장으로 이어질 수 없다는 것이 이 책의 핵심이다.

투자자로서 버핏의 가장 큰 무기는 나무(개별 기업)를 보면서도 결코 숲(거시적 시스템)을 놓치지 않는다는 점이다. 대부분의 투자자가 다음 분기 실적이나 차트의 굴곡에 일희일비할 때, 버핏은 이 4가지 조건이 굳건하게 지켜지고 있는 한 시장은 우상향할 수밖에 없다는 역사적 법칙에 자본을 싣는다. 그에게 투자란 흔히 싼 주식을 고르는 행위를 넘어, 부를 끝없이 복제해 내는 거대한 자본주의 인프라에 올라타는 일인 셈이다. 변곡점에 서 있는 지금, 미래를 예측하고 투자하는 데 있어 이것만큼 좋은 무기는 없지 않을까.

매일 쏟아지는 자극적인 경제 뉴스와 단기 테마주에 시달리다 보면 우리의 시야는 한없이 좁아지기 마련이다. 그럴 때 이 책은 시야를 수백 년 단위의 역사로 확 넓혀주는 훌륭한 망원경 역할을 한다. 투자할 기업을 고르기 전에 한 발짝 물러서서 거시적인 질문을 던져보자. 내가 투자하려는 이 시장은, 혹은 이 국가는 부를 창출하는 근본적인 인프라(재산권 보호와 자본 시장의 신뢰 등)가 제대로 작동하고 있는가? 이 거시적인 질문에 답할 수 없다면, 당신의 투자는 언제 무너질지 모르는 모래성 위에 지어진 것과 같다. 잔파도를 두려워하지 않고 큰 해류를 타는 안목, 다시 말하지만 그것이 바로 이 책이 당신에게 선사할 가장 값진 '무기'다.

26.

『경제학 1교시』

원서: Economics in One Lesson
저자: 헨리 해즐릿 (Henry Hazlitt, 1894~1993)

"경제학이라는 예술은 어떤 행위나 정책의 즉각적인 결과뿐만 아니라 장기적인 결과를 바라보는 데 있다."

자본의 배분과 기회비용을 누구보다 엄격하게 따지는 워런 버핏의 사고방식을 이해하려면, 그 기초가 되는 경제학의 고전을 살펴볼 필요가 있다. 미국의 저널리스트이자 경제학자인 헨리 해즐릿이 1946년에 쓴 이 얇은 책은 출간된 지 반세기가 훌쩍 지난 지금까지도 시장 경제를 이해하는 가장 완벽한 입문서로 꼽힌다. 이 책이 관통하는 단 하나의 핵심 진리는 아주 명쾌하다. 바로 경제 현상을 판단할 때 '눈앞에 당장 보이는 결과'에만 속지 말고, 그 이면에 발생한 '보이지 않는 대가The Unseen'를 반드시 함께 계산해야 한다는 것이다.

해즐릿은 정부의 정책이나 시장의 변화를 평가할 때, 당장 눈앞에 드러나는 1차적인 결과만 보고 환호하는 사람들의 어리석음을 통렬하게 꼬집는다. 이른바 '깨진 유리창의 오류'다. 동네 악동이 빵집의 유리창을 깨면, 유리창 수리공은 돈을 벌게 되어 마치 지역 경제가 활성화되는 것처럼 '보인다'. 하지만 빵집 주인이 유리를 고치느라 쓰지 못한 돈, 즉 원래 양복을 맞추려던 돈이 사라짐으로써 양복점 주인이 잃어버린 이익은 우리 눈에 '보이지 않는다'. 해즐릿은 언제나 이 보이지 않는 2차적, 3차적 파급효과와 비용을 계산해 내는 것이 진짜 경제학이라고 역설한다.

버핏의 투자 방식은 바로 이 원리에 철저히 기반하고 있다. 그는 단기적인 호재나 정부의 일시적인 부양책, 당장 눈에 보이는 분기 실적의 화려함에 결코 속지 않는다. 대신 "이 결정이 장기적으로 기업의 본질적인 경쟁력과 주주 가치에 어떤 영향을 미칠 것인가?"라는 보이지 않는 꼬리표를 끝까지 추적한다. 현명한 투자자라면 눈앞의 숫자 너머에 숨겨진 진짜 청구서를 읽어내는 눈을 가지야 한다. 그리고 그것을 얻기 위해서 우리는 이 책을 통해 오늘부터라도 사고의 훈련을 시작해야만 한다.

어느 날 정부가 특정 산업에 막대한 보조금을 뿌린다는 뉴스가 뜨고, 관련 주식들이 일제히 폭등했다고 가정해 보자. 평소 같으면 서둘러 추격 매수 버튼을 눌렀겠지만, 이 책을 읽고 난 후의 당신은 분명 다르게 행동할 것이다. 환호하는 군중 속에서 조용히 "이 막대한 보조금은 결국 누구의 주머니에서, 어떤 대가를 치르고 나오는 것일까?"를 묻게 될 테니까. 정책의 뒷면과 투자의 숨겨진 비용을 볼 줄 아는 '입체적인 시야'. 그것을 장착하는 순간, 당신은 눈앞의 얄팍한 미끼에 휘둘리는 1차원적 투자자에서 벗어나 시장 전체의 판을 읽어내는 진짜 승부사로 거듭나게 될 것이라 믿는다.

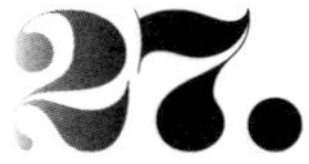

『새빨간 거짓말, 통계』

원서: How to Lie with Statistics
저자: 대럴 허프 (Darrell Huff, 1913~2001)

"사실을 중시하는 문화에서 매우 매력적으로 다가오는 통계의 은밀한 언어는,
종종 사실을 선정적으로 포장하고, 과장하고, 혼란에 빠뜨리며,
지나치게 단순화하는 데 사용된다."

"숫자는 절대 거짓말을 하지 않는다." 투자 세계에서 이 명제를 순진하게 맹신하는 것만큼 위험한 일은 없다. 숫자는 죄가 없지만, 그 숫자를 교묘하게 주무르는 사람들에겐 언제나 불순한 '의도'가 숨어 있기 때문이다. 미국의 언론인 대럴 허프가 1954년에 세상에 내놓은 이 도발적인 고전은, 가장 객관적이라 믿어온 '통계'라는 언어가 어떻게 대중의 눈을 가리는 완벽한 눈속임의 도구로 전락하는지를 낱낱이 고발한다. 평소 기업의 재무제표를 꼼꼼하게 파헤치는 워런 버핏 역시 숫자 뒤에 숨은 통계를 늘 경계하며 이 책의 가치를 높이

평가했다.

기업의 실적 발표나 경제 기사를 볼 때 우리는 흔히 화려한 그래프와 평균값에 압도당한다. 하지만 허프는 바로 그 지점을 파고든다. Y축의 밑단을 잘라내어 미미한 상승을 엄청난 폭등처럼 보이게 만드는 '착시 그래프', 장기적인 하락 추세는 쏙 감춘 채 반짝 상승한 특정 분기의 실적만 교묘하게 뽑아내어 자랑하는 이른바 '체리 피킹Cherry picking', 그리고 극단적인 소수의 부자가 전체의 통계를 왜곡해 버리는 '평균의 함정'까지. 누군가 의도를 가지고 통계를 마사지(?)하기 시작하면, 형편없는 기업도 순식간에 고속 성장하는 우량주로 둔갑할 수 있다는 것이 이 책의 매서운 지적이다.

워런 버핏이 재무제표를 읽을 때 가장 경계하는 것도 바로 이 '마사지된 숫자'들이다. 기업의 경영진이 불리한 비용은 쏙 빼고 자랑하고 싶은 숫자만 강조하는 이른바 '조정 실적Adjusted earnings'을 발표할 때, 버핏은 그 포장지를 가차 없이 뜯어내고 기업의 진짜 현금흐름을 추적한다. 숫자에 강하다는 것은 그냥 계산을 잘한다는 뜻이 아니다. 누군가 내민 통계 자료 앞에서 "이 숫자가 의도적으로 숨기고 있는 것은 무엇인가?"를 물어볼 수 있는 의심의 근육, 버핏은 이 책을 통해 바로 그 근육을 키우라고 주문한 것이다.

당장 오늘 아침에 본 경제 기사나 관심 기업의 IR(투자자 대상 홍보) 자료를 다시 한번 펼쳐보자. "전년 대비 영업이익 500% 폭등!"이라는 자극적인 헤드라인에 가슴이 뛰는가? 자, 그런 사람일수록 이 책을 꼭 펼쳐보길 바란다. 이 책을 읽고 나면 거짓말같이 당신의 시선은 500%라는 숫자가 아니라 그 기준점이 되는 '전년도 이익'이 얼마나 형편없었는지(기저효과)를 향하게 될 테니까. 그래프의 눈금은 일정하게 그려져 있는지, '평균'이라는 단어 뒤에 숨겨진 함정은 없는지 조목조목 따져 묻기까지 시작했다면 축하를 보낸다. 당신은 이제 숫자에 속아 넘어가는 순진한 호구에서 벗어나, 데이터의 민낯을 꿰뚫어 보는 어엿한 추적자가 됐다.

『슈퍼 예측,
그들은 어떻게 미래를 보았는가』

원서: Superforecasting
저자: 필립 E. 테틀록 (Philip E. Tetlock, 1954~), 댄 가드너 (Dan Gardner, 1965~)

**"신념은 안전하게 지켜야 할 보물이 아니라,
끊임없이 검증해야 할 가설이다."**

"올해 연말 코스피 지수는 얼마까지 갈까요?", "다음 달 금리는 내릴까요?" 주식 시장은 온통 미래를 맞히려는 점쟁이들로 가득하다. 하지만 펜실베이니아 대학 교수인 필립 테틀록은 20년에 걸친 방대한 연구 끝에 충격적인 결론을 내린다. TV에 나와 확신에 차서 떠드는 이른바 '전문가'들의 예측 적중률이 '다트를 던지는 침팬지'와 별반 다르지 않다는 것이다. 놀랍지 않은가? 그럼에도 불구하고 그는 상위 2%의 경이로운 적중률을 보이는 '슈퍼 예측가Superforecaster'들을 찾아냈고, 이 책을 통해 그들의 비밀을 낱낱이 파헤친다.

    제1부. 흔들리지 않는 기준이 부의 크기를 결정한다

흥미로운 건 이 슈퍼 예측가들이 천재적인 수학자나 족집게 도사가 아니라는 점이다. 평범한 주부, 은퇴한 엔지니어 등으로 구성된 이들의 무기는 단 하나, 바로 '유연한 사고'였다. 그들은 새로운 정보나 반대 증거가 나타나면 자신의 기존 주장을 고집하지 않고 즉시 확률을 수정했다. 앞서 발문에서 언급했듯, 자신의 낡은 신념을 '보물'처럼 껴안고 방어하는 대신 '가설'로 취급해 가차 없이 폐기하고 업데이트한 것이다.

워런 버핏은 바로 이 지점에 열광했다. 흔히 버핏을 미래를 훤히 내다보는 혜안의 소유자로 생각하지만, 정작 그는 "나는 거시 경제나 시장의 방향을 절대 예측하지 않는다"고 단언한다. 대신 그는 자신이 이해할 수 있는 기업에 집중하고, 팩트가 변하면 고집 부리지 않고 기존의 판단을 수정한다. 버핏이 월스트리트 전문가들의 거시 경제 예측을 그토록 무시하며 경계하는 이유를, 이 책이 과학적으로 완벽히 증명해 주고 있는 셈이다. 다시 말하지만, 투자는 수정 구슬을 들여다보는 마법이 아니다. 투자는 불확실성 속에서 끊임없이 확률을 보정해 나가는 이성적인 게임일 뿐이다.

 **이렇게 읽어보자!**

특정 경제 유튜버나 애널리스트의 "폭락장 온다", "이 주식 무조건 텐배거(10배) 간다"는 확신에 찬 예측에 마음이 흔들리고 있다면 당장 이 책을 펼쳐보자. 확신에 찬 목소리로 단정 짓는 고슴도치형 전문가들이 얼마나 위험한지, 그리고 스스로 끊임없이 의심하고 유연하게 사고하는 '여우형 마인드'가 왜 시장에서 살아남는지 명확히 깨닫게 될 것이다. 투자를 하면서 '내가 틀렸을 수도 있다'는 사실을 인정하는 것만큼 고통스러운 일은 없다. 하지만 이 책은 당신의 주식 노트를 확신의 기록이 아닌 '수정과 업데이트의 기록'으로 뜯어고쳐 줄 최고의 사고력 훈련서가 되어줄 것이다.

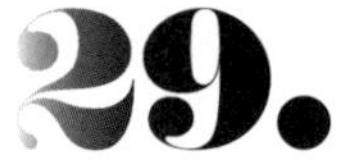

『고객의 요트는 어디에 있는가』

원서: Where Are the Customers' Yachts?
저자: 프레드 슈웨드 주니어 (Fred Schwed Jr., 1902~1966)

"투기란 적은 돈을 큰돈으로 바꾸려는 시도지만 십중팔구 실패로 끝난다.
반면 투자란 큰돈이 푼돈으로 전락하는 것을 막으려는 시도이며,
마땅히 성공해야만 하는 행위다."

어느 날 뉴욕을 처음 방문한 여행객이 월스트리트 인근의 항구를 둘러보고 있었다. 여행 가이드는 정박해 있는 호화로운 배들을 가리키며 "저기 있는 게 다 은행가와 주식 중개인들의 요트랍니다!"라고 우쭐대며 말했다. 그러자 여행객이 순진한 얼굴로 물었다.

"그럼 고객들의 요트는 어디에 있나요?"

이 웃지 못할 농담 하나로 시작되는 이 책은, 출간된 지 80년이 넘은 지금까지도 금융 업계의 위선과 민낯을 가장 완벽하게 발가벗긴 걸작으로 평가받는다. 워런 버핏은 2006년 주주 서한에서 이 책을

콕 집어 "투자에 관해 쓰인 가장 재미있는 책이자, 가장 중요한 메시지를 가볍게 전달하는 책"이라며 찬사를 보냈다.

저자인 프레드 슈웨드 주니어는 실제로 1920년대 월스트리트에서 중개인으로 일하다 대공황 때 '깡통을 차본(?)' 생생한 경험의 소유자다. 그는 업계의 생리를 누구보다 잘 아는 시장의 내부자로서 금융계가 돌아가는 아주 기형적인 구조를 신랄하게, 그리고 낱낱이 폭로한다. 펀드 매니저, 투자 상담사, 증권사 직원들은 고객의 수익률을 높여서 부자가 되는 것이 아니다. 고객이 주식을 사고팔 때마다 떨어지는 '수수료'를 챙겨서 부자가 된다. 시장이 오르든 폭락하든 그들의 주머니는 두둑해지지만, 정작 수수료와 거래 비용을 다 떼이고 나면 고객의 계좌는 녹아내리기 일쑤다. 버핏이 입버릇처럼 "월스트리트는 롤스로이스를 타고 출근하는 사람이 지하철을 타고 출근하는 사람에게 자문을 구하는 유일한 곳"이라고 조롱했던 뼈 있는 농담은 바로 이 책이 던지는 메시지와 일맥상통한다.

결국 이 책이 던지는 진실은 잔혹할 만큼 명쾌하다. 당신의 돈을 불려주겠다며 높은 수익률을 약속하는 금융 전문가들의 가장 큰 관심사는 당신의 계좌가 아니라 '그들의 수수료'라는 것이다. 버핏이

     제1부. 흔들리지 않는 기준이 부의 크기를 결정한다

월가에서 멀리 떨어진 오마하에 칩거하며 복잡한 금융 상품이나 펀드를 극도로 혐오했던 이유다. 내 돈을 지키는 것은 결국 나 자신뿐이며, 수수료를 떼어먹는 중간 상인들을 거치지 않고 직접 좋은 기업과 동업하는 것만이 개인 투자자가 승리하는 유일한 길이다.

✸ 이렇게 읽어보자!

지금 혹시 비싼 수수료를 내며 펀드를 굴리고 있거나, 한 달에 수십만 원씩 내는 '주식 리딩방'에 들어가 누군가 찍어주는 종목만 목 빠지게 기다리고 있는가? 그렇다면 당장 그 매수 버튼에서 손을 떼고 이 책부터 펼쳐보자. 전문가라는 이름으로 포장된 그들이 당신에게 '확신'을 팔아 어떻게 자신들의 요트 비용을 청구하고 있는지 깨닫게 될 테니까. 남의 말을 듣고 투자했다가 돈을 잃었을 때, "그 전문가가 나를 속였다"며 억울해하는 것만큼 순진한 변명도 없다. 이 책을 덮고 나면 당신은 더 이상 구원자를 찾아 여기저기를 기웃거리지 않고, 묵묵히 스스로 기업의 가치를 분석하는 외롭지만 가장 확실한 길을 걷게 될 것이다.

30.

『설득의 에세이』

원서: Essays in Persuasion
저자: 존 메이너드 케인스 (John Maynard Keynes, 1883~1946)

**"우리는 노화로 인한 류머티즘이 아니라,
너무나 빠른 변화가 가져온 '성장통'을 앓고 있는 중이다."**

사람들은 존 메이너드 케인스를 교과서에 나오는 '거시경제학의 아버지'로만 기억하지만, 사실 그는 워런 버핏보다 한참 앞서 시장을 지배했던 전설적인 실전 투자자였다. 그는 킹스 칼리지 기금을 운용하며 대공황의 끔찍한 폭락장을 온몸으로 두드려 맞았지만, 결국 자신만의 원칙을 세워 막대한 부를 쌓아 올린 인물이다. 평소 거시경제학자들의 예측을 콧방귀 뀌며 무시하던 버핏조차 "케인스의 글을 읽으면 증권과 시장에 대해 훨씬 더 똑똑해질 수밖에 없다"고 극찬하며 고개를 숙였을 정도다.

1931년에 출간된 『설득의 에세이』는 1차 세계대전 직후부터 대공황까지, 자본주의가 가장 처참하게 무너지던 시기에 케인스가 대중과 정치인들을 '설득'하기 위해 쓴 글들을 모은 책이다. 온 세상이 "자본주의는 이제 끝났다"며 절망에 빠져 있을 때, 케인스 혼자서만 꿋꿋하게 "이것은 성장의 한계가 아니라, 일시적인 조정기일 뿐이다"라고 외쳤다. 그가 이 책에 수록된 에세이를 통해 "100년 뒤 인류의 생활 수준은 지금보다 4~8배 높아질 것"이라고 예언했던 대목은, 당시 사람들에겐 미친 소리 같았지만 오늘날 완벽한 현실이 되었다.

이 지독한 '장기적 낙관주의'는 버핏의 투자 철학에 가장 깊은 뿌리가 되었다. 버핏은 2008년 금융위기 때도, 코로나19 폭락장 때도 흔들림 없이 주식을 사 모으며 "미국의 미래에 베팅하라"고 외쳤다. 위기의 한복판에서 대중을 집어삼키는 '비관주의의 발작'에 전염되지 않고, 자본주의의 자가 치유 능력과 인간의 생산성을 굳게 믿은 것이다. 결국 가치 투자에서는 현란한 차트 분석 기술이 아니라, 위기 속에서도 미래를 긍정하는 '낙관적인 태도' 그 자체가 중요하다. 거시 경제의 복잡한 톱니바퀴가 어떻게 돌아가는지, 그리고 그 안에서 시장 참가자들의 심리가 어떻게 요동치는지 꿰뚫어 보고 싶다면,

케인스의 통찰은 시대를 초월하는 가장 완벽한 교과서가 되어줄 것이다.

이번 책은 조금 결을 달리한다. 지금까지는 불장의 환호를 경계했어야 했다면 이번엔 "이제 주식 시장의 황금기는 끝났다"는 암울한 뉴스들이 당신의 계좌를 얼어붙게 만들고 있진 않은지를 경계해야 한다. 100년 전, 온 세상이 파산하던 대공황의 잿더미 속에서도 미래의 눈부신 번영을 꿰뚫어 보았던 한 천재의 시선이 당신을 압도할 것이다. 위기 속에서 남들이 공포에 질려 도망칠 때, 바닥에 뒹구는 위대한 기업의 주식을 침착하게 주워 담는 '용기'. 이 책은 흔들리는 당신의 멘털에 그 어떤 투자 지침서보다 단단하고 묵직한 이정표를 세워줄 것이다.

시장의 소음은 무시하라

복리의 시간을 내 편으로 만드는 법

4장

신뢰를 얻는 기술
: 설득, 인간관계, 심리

"세상에서 가장 중요한 일은 신뢰를 얻는 일이다."

31.

『명확한 영어 글쓰기 지침서』

원서: A Plain English Handbook
저자: 미국 증권거래위원회(SEC)

'워런 버핏의 서재' 한편에는 일반 서점에서는 볼 수 없는 소책자가 하나 꽂혀 있다. 미국 증권거래위원회가 펴낸 『명확한 영어 글쓰기 지침서』다. 딱딱한 제목과 달리 버핏은 이 책에 남다른 애정을 보인다. 40년 넘게 기업 공시 서류를 뒤져온 그가 직접 서문까지 썼을 정도니까.

버핏은 서문에서 작심한 듯 털어놓는다. 수십 년간 기업들의 보고서를 읽어왔지만, 도대체 무슨 말을 하려는 건지 해독 불가능한 경우가 너무 많았다고 말이다. 그는 한발 더 나아가 날카로운 질문을 던진다. "어쩌면 발행인이 정직하지 못해서, 독자가 내용을 이해하지 못하도록 일부러 안개를 피우는 것 아닐까?"라고.

우리는 흔히 어렵고 복잡한 용어를 써야 유능해 보인다고 착각한다. 하지만 버핏의 생각은 다르다. 그에게 불투명하고 꼬인 언어는 상대를 배려하지 않는 오만함이자, 신뢰가 무너지고 있다는 위험한 신호일 뿐이다.

그렇다면 버핏은 어떻게 그토록 쉬운 언어로 세상을 설득할까? 비결은 의외로 단순하고 다정(?)하다. 그는 매년 주주 서한을 쓸 때마다 두 누이동생, 도리스와 버티를 떠올린다. 똑똑하지만 회계 전문가는 아닌 가족이 단번에 이해할 수 있게 쓰는 것, 그것이 그가 글을 쓰는 유일한 기준이다. 그리고 그는 글쓰기가 막막한 이들에게 이렇게 말한다. "셰익스피어가 될 필요는 없습니다. 그저 진심으로 알리고자 하는 마음 하나면 충분합니다"라고 말이다.

이 '단순한 언어'의 힘은 위기의 순간에 가장 날카로운 무기가 된다. 2002년, 버핏은 복잡한 파생상품을 향해 "금융 대량살상무기"라는 직관적인 경고를 날렸다. 수백 페이지의 경제학 보고서보다 강렬했던 이 한마디는 6년 뒤 금융위기가 닥쳤을 때 전 세계 투자자들을 단숨에 소름 돋게 했다. 결국, 단순하게 쓴다는 건 지식의 부족이 아니라, 본질을 완벽하게 장악했다는 증거다. 복잡한 덩어리에서 핵심만 남기고 나머지를 덜어내는 일. 버핏에게 글쓰기란 독자를 향한 존중이자, 신뢰를 쌓아가는 가장 정직한 방법이다.

✺ 이렇게 읽어보자!

결재를 올릴 기획서나 거래처에 보낼 이메일을 다시 한번 열어보자. 혹시 알맹이는 빈약한데 거창한 수식어로 겹겹이 포장되어 있지는 않은가? 그렇다면 지금 필요한 것은 '말을 줄이는 훈련'이 아니라 '생각을 정리하는 훈련'이다. 둘은 비슷해 보이지만 전혀 다르다. 말을 줄이는 것은 형식의 문제고, 생각을 정리하는 것은 이해의 문제다. 버핏이 말했듯, 누군가에게 명확하게 설명하지 못한다는 것은 아직 그것을 완전히 이해하지 못했다는 신호다.

버핏이 누이동생을 떠올리듯, 당신도 지금 쓰는 문장을 읽을 한 사람을 구체적으로 머릿속에 그려보자. 그 사람이 단번에 이해하지 못한다면, 문제는 독자가 아니라 글에 있다. 회의에서 군더더기 문장을 하나 덜어내고 발표에서 직관적인 비유 하나를 얹어 핵심만 남길 수 있다면, 상대를 설득할 준비는 이미 끝난 것이다. 화려한 언변보다 강력한 것은 본질을 꿰뚫는 단순함의 힘이다.

『미스터 체어맨』

원서: Keeping At It
저자: 폴 볼커 (Paul Volcker, 1927~2019)

"핵심은 어떤 변화가 있더라도 이 원칙을 지키는 것이다.
절대 대중의 돈으로 도박하지 말라."

시장이 패닉에 빠질 때 사람들은 구원자를 찾는다. 하지만 '진짜'는 공허한 말잔치가 아니라 지독한 원칙으로 자신을 증명한다. 1970년대 후반 미국을 집어삼킨 14%대의 살인적인 인플레이션에 맞서 기준 금리를 20%까지 끌어올렸던 전설적인 '인플레이션 파이터' 폴 볼커. 그의 회고록 『미스터 체어맨』은 권력의 압박과 대중의 비난 속에서도 '끝까지 버텨낸' 한 거인의 고독한 기록이다. 워런 버핏은 2020년 팬데믹으로 시장이 붕괴하던 주주총회에서 이 책을 강력히 추천하며, "역대 수많은 연준 의장 중에서도 폴 볼커가 단연 최고”라고 극찬했다. 버핏이 그를 존경한 이유는 냉철한 통화 정책의 기술이 아니라, 그의 삶 자체를 관통하는 압도적인 정직함과 원칙 때문이었다.

볼커는 이 책에서 경제 지표를 관리하는 노하우를 넘어, 화폐 가치를 수호하는 중앙은행의 도덕적 책무를 묵직하게 짚어낸다. 계속되는 살해 협박으로 권총을 차고 다니고, 선거를 앞둔 지미 카터와 로널드 레이건 대통령의 노골적인 금리 인하 압박을 받으면서도 그는 물가 안정이라는 소신을 결코 굽히지 않았다.

2008년 글로벌 금융 위기 이후에는 상업은행이 고객의 예금으로 위험한 투기를 하지 못하도록 막는 이른바 ‘볼커 룰Volcker Rule’을 주도하며 탐욕에 빠진 월스트리트의 기강을 바로잡았다.

투기꾼들이 월가에서 수십억 달러를 벌어들일 때도 평생을 공직에 헌신한 그의 삶은, “숫자는 매일 변하지만 원칙이 무너지면 시스템 전체가 붕괴한다”는 버핏의 철학과 완벽하게 맞닿아 있다. 이 책은 한 인물이 어떻게 시대의 불확실성을 이겨내고 시장의 굳건한 심리적 해자가 되었는지를 보여주는 생생한 증언이자, 원칙을 잃고 흔들리는 오늘날의 투자자들에게 가장 확실한 나침반이 되어준다.

 **이렇게 읽어보자!**

지금도 미국 연준 의장의 말 한마디나 금리 인상 뉴스 한 줄에 계좌를 열고 닫으며 밤잠을 설치고 있는가? 그렇다면 단기 수익률의 환상에서 빠져나와 당장 이 책을 펼쳐라. 이 책은 쏟아지는 거시 경제의 소음 속에서 나쁜 정보를 걸러낼 강력한 필터가 되어줄 것이다. 나쁜 소식을 숨기지 않는 용기, 대중의 원성과 고통 앞에서도 흔들리지 않고 '견뎌내는 Keeping at it' 단단한 원칙 하나가 폭락장에서도 당신의 자산을 지켜주는 가장 압도적인 무기가 된다는 사실을 뼈저리게 느끼게 될 것이다. 금리 0.25% 오르내리는 것에 롤러코스터를 타는 멘털로는 결코 거대한 부를 담을 수 없다. 거시경제의 미친 파도 속에 당신의 계좌를 구명조끼 없이 띄워두지 말고, 당장 '원칙'이라는 무거운 닻부터 내려야 한다.

　　　　　　　　　　　　　　　　제2부. 시장의 소음은 무시하라

33.

『데일 카네기 인간관계론』

원서: How to Win Friends and Influence People
저자: 데일 카네기 (Dale Carnegie, 1888~1955)

"성공에 단 하나의 비결이 있다면, 그것은 타인의 관점을 이해하고, 자신의 입장뿐만 아니라 상대방의 처지에서 사물을 바라볼 줄 아는 능력을 갖추는 것이다."

세계 최고 부자의 사무실 벽에는 하버드나 와튼 스쿨의 눈부신 졸업장 대신, 액자에 끼워진 100달러짜리 낡은 수료증 하나가 걸려 있다. 스무 살 무렵의 워런 버핏이 수강했던 '데일 카네기 코스' 수료증이다. 사실 청년 시절의 버핏은 대중 앞에만 서면 무릎이 서로 맞닿을 정도로 심하게 떨었고, 자기 이름조차 제대로 말하지 못할 만큼 발표 공포증에 시달렸다. 그는 이 수업을 통해 비로소 타인의 마음을 얻고 설득하는 기술을 익혔으며, 훗날 4만 명의 청중을 몇 시간씩 들었다 놓았다 하는 최고의 달변가로 거듭났다. 버핏은 지금도 입버릇처럼 "내 인생을 바꾼 가장 위대한 투자는 수조 원의 주식이 아니라, 데일 카네기 코스에 등록했던 100달러였다"고 회고한다.

많은 투자자가 재무제표의 숫자와 차트의 기술적 지표에만 목숨을 걸지만, 버핏은 기업을 움직이는 진짜 본질은 결국 '사람'이라고 믿는다. 그가 강조하는 '심리적 해자'는 강력한 브랜드 파워만을 의미하지 않는다. 기업을 이끄는 경영진이 주주를 파트너로 대하는지, 아니면 기만의 대상으로 보는지 꿰뚫어 보는 안목이 투자의 성패를 가르기 때문이다. 아무리 재무제표상의 숫자가 경이롭더라도 리더가 카네기의 원칙을 무시한 채 독단적으로 행동하거나 이해관계자들과 척을 진다면, 그 기업의 해자는 한순간에 모래성처럼 무너지고 만다. 버핏이 위대한 경영자가 있는 기업을 발굴해 통째로 인수하고 그들에게 경영을 전적으로 위임할 수 있었던 비결 역시, 카네기에게 배운 인간관계의 기술을 경영진 평가의 가장 중요한 '필터'로 사용했기에 가능했다.

국내에서도 오랜 시간 장기 베스트셀러로 사랑받고 있는 이 책은 단순히 '친구를 사귀는 법'을 넘어서, 상대방의 자존감을 세워주며 자발적인 협력을 끌어내는 고도의 심리 전략을 담고 있다. 버핏이 매년 주주 서한에서 자신의 실수를 가감 없이 고백하며 주주들의 무한한 신뢰를 얻는 모습은 카네기가 강조한 "잘못을 저질렀을 때는 즉시 분명하게 인정하라"는 원칙을 실천한 완벽한 모델이라 할 수 있다. 결국 투자란 사람과 사람 사이의 약속이며, 그 약속의 무게를 아는 리더를 찾아내는 것이야말로 차트 너머의 본질을 읽는 안목의 핵심이다. 이 책은 일상에서도 투자 환경에서도 당신의 정신적인 자산과 금전적인 자산 모두를 지켜줄 심리적 해자를 단단하게 구축하는 법을 가르쳐줄 것이다.

✵ 이렇게 읽어보자!

버핏의 사무실 벽에 걸린 100달러짜리 수료증은 우리에게 아주 발칙한 질문을 던진다. "당신은 숫자를 사는가, 아니면 그 숫자를 만드는 사람을 사는가?" 만약 당신이 전자에만 매몰되어 있다면, 폭락장이 왔을 때 당신의 멘털을 지탱해 줄 근거는 어디에도 없다. 이 책은 처세술을 가르쳐주는 게 아니라, 자본주의의 가장 밑바닥에 흐르는 '신뢰'라는 화폐를 다루는 법을 알려준다. 오늘 밤엔 주식 앱을 끄고 이 책을 펼쳐라. 그리고 당신의 포트폴리오에 담긴 리더들이 과연 카네기의 질문 앞에서 당당할 수 있을지 냉정하게 따져보자. 사람의 마음조차 얻지 못하는 기업에 당신의 소중한 미래를 베팅하는 '도박'은 이제 그만둘 때가 됐다.

34.

『설득의 심리학』

원서: Influence
저자: 로버트 치알디니 (Robert B. Cialdini, 1945~)

"사람의 행동을 조종하는 것은 논리가 아니라,
뇌에 깊이 각인된 '무의식의 방아쇠'다."

워런 버핏의 평생 동반자인 찰리 멍거는 이 책을 읽고 커다란 지적 충격을 받았다. 그는 저자인 로버트 치알디니 교수에게 감사의 뜻으로 당시에도 거금이었던 버크셔 해서웨이 주식 1주를 선물하며 이렇게 찬사를 보냈다. "이 책은 우리가 시장에서 저지르는 수많은 멍청한 실수의 90%를 완벽하게 설명해 준다." 버핏과 멍거에게 이 책은 타인을 유혹하기 위한 마케팅 기법서가 아니었다. 수많은 과장과 기만이 판치는 자본시장에서 자신의 뇌가 내리는 심리적 오작동을 막아내기 위한 가장 강력한 무게추가 되어주었다.

치알디니는 인간을 무의식적으로 움직이게 만드는 7가지 법칙, 즉 상호성, 일관성, 사회적 증거, 호감, 권위, 희소성, 그리고 최근에 새롭게 추가된 연대감unify을 제시한다. 투자자의 시각에서 볼 때 이 법칙들은 하나하나가 치명적인 함정이다. 남들이 사니까 나도 따라 사는 사회적 증거는 거품의 도화선이 되고, 화려한 경력을 가진 전문가의 말에 무비판적으로 동조하는 권위의 법칙은 냉철한 판단력을 마비시킨다. 버핏은 이 책을 통해 시장의 광기가 어떻게 대중을 최면에 빠뜨리고 파멸로 이끄는지 그 메커니즘을 정교하게 꿰뚫어 보았다. 그가 남들이 탐욕을 부릴 때 두려워하라며 대중과 반대로 움직일 수 있었던 근저에는, 사람들을 집단 사고로 몰아넣는 심리적 방아쇠를 식별해 내는 치알디니식 통찰이 단단히 자리 잡고 있다.

그는 기업 경영진이 내뿜는 '호감'이나 '권위'의 아우라에 휘둘리지 않도록 스스로를 끊임없이 검열했다. 주주 서한에서 자신의 실수를 고백하며 '상호성'과 '호감'의 원칙을 오히려 주주들의 신뢰를 얻는 데 활용한 것 또한 이 심리학적 메커니즘을 완벽하게 이해하고 있었기에 가능한 일이었다. 『설득의 심리학』은 무의식의 맹점을 파고드는 시장의 교묘한 공격 속에서, 당신의 판단력을 온전히 보전해 줄 가장 지적이고도 예리한 방패가 되어줄 것이다.

 **이렇게 읽어보자!**

어제 매수한 그 종목, 정말 냉철한 분석의 결과인가? 혹시 당신이 신뢰하는 유튜버가 닮은꼴의 친근한 목소리로 추천했거나, '오늘이 마지막 기회'라는 희소성의 압박에 등 떠밀려 '매수' 버튼을 누른 건 아닌가? 인간의 뇌는 특정 자극에 로봇처럼 반응하도록 설계되어 있고, 시장의 설계자들은 이 '방아쇠'를 누구보다 잘 알고 있다. 이 책은 당신의 무의식에 설치된 그 낡은 프로그램들을 해킹하는 매뉴얼이다. 이제 주식 창을 닫고 당신의 최근 결정들을 복기해 보라. 내가 내린 선택의 이유가 기업의 본질이 아닌 치알디니가 경고한 6가지 함정 중 하나였다면, 당신은 투자를 한 게 아니라 설득당한 것이다. 이 책을 통해 타인의 의도에 휘둘리지 않는 단단한 자아를 세우는 것, 그것이 버핏이 말하는 진짜 공부의 시작이다.

35.

『권력의 조건』

원서: Team of Rivals
저자: 도리스 컨스 굿윈 (Doris Kearns Goodwin, 1943~)

> "그들이 가장 뛰어난 사람들이라는 결론을 내린 이상,
> 국가가 그들의 능력을 활용할 기회를 빼앗을 권리가 내게는 없었습니다."

워런 버핏의 서재에 꽂힌 수많은 경제·경영서 사이에서 단연 눈에 띄는 두꺼운 역사서가 하나 있다. 바로 도리스 컨스 굿윈의 『권력의 조건』이다. 800쪽이 훌쩍 넘는 이 방대한 책은 주식이나 재무제표와는 아무런 상관이 없어 보인다. 하지만 버핏은 이 책을 통해 차트 분석으로는 절대 배울 수 없는 '나와 다른 목소리를 끌어안고 경쟁자의 능력마저 온전히 활용하는 포용의 리더십'을 배웠다.

1860년, 남북전쟁이라는 국가적 위기 앞에서 링컨은 자신을 멸시

하고 조롱하던 대선 경쟁자들—윌리엄 시워드, 셀먼 체이스, 에드워드 베이츠—을 내각의 핵심 부처로 불러들였다. 나를 지독하게 싫어하는 사람들을 곁에 둔다니, 일견 불화와 갈등을 자초하는 무모한 선택처럼 보이지 않는가? 하지만 이 책은 그 아슬아슬한 긴장감이 어떻게 국가를 구원했는지 세밀하게 추적한다. 굿윈의 기록에 따르면, 가장 맹렬한 정적이던 시워드는 훗날 링컨의 가장 든든한 동지가 되었고, 체이스와의 갈등은 끝내 해소되지 않았지만 역설적이게도, 그 치열한 대립 덕분에 더 균형 잡힌 정책이 탄생할 수 있었다. 링컨은 화합이라는 명분으로 갈등을 억누른 것이 아니라, 갈등 자체를 제도와 대화의 장으로 끌어들인 것이다.

정적을 제거하거나 자신의 파워를 강화하기 위해 입맛에 맞는 '예스맨'들 뒤로 숨었던 수많은 리더들과 달리, 링컨은 껄끄럽지만 능력만큼은 특출난 라이벌들과 치열하게 논쟁하며 단단한 돌파구를 빚어냈다. 버핏이 이 책에서 가장 깊게 밑줄을 그은 대목이 바로 이 지점일 것이다. 시장이 공포에 질려 요동칠 때 기업을 지탱하는 것은 그럴 듯한 엑셀 위 숫자가 아니라, 불편한 진실과 서로 다른 견해들을 기꺼이 자신의 식탁 위로 올리는 용기다. 그리고 위기 상황에서 기업의 리더가 보여주는 포용력은 주식 투자에 있어 매우 중요한 체크 포인트가 되어준다.

　실제로 버핏은 수백억 달러를 맡길 파트너를 선택할 때 언제나 이 링컨의 잣대를 들이댄다. "이 경영자는 위기 앞에서 정직하게 말하고 있는가?", "자신과 다른 목소리에 기꺼이 귀를 열고 있는가?" 투자의 세계에서 아집과 독선은 결국 파국을 의미한다. '내가 틀릴 수도 있다'는 사실을 뼈아프게 인정하고 타인의 지혜를 빌려 내면의 기준을 세우는 자만이 시장에서 오래 살아남는다. 버핏이 시장의 일시적인 광기를 침착하게 견뎌내며 굽히지 않는 전설로 남을 수 있었던 이유 중 하나도, 바로 이 링컨식 포용력을 자신의 투자 원칙에 완벽하게 녹여냈기 때문이 아닐까?

　『권력의 조건』은 위대한 대통령을 찬양하는 고루한 위인전이 아니다. 오히려 한 시대의 비범한 리더가 어떻게 자신의 결함을 인정하고 타인의 뛰어남을 활용해 거대한 위기를 돌파했는지 보여주는 생생한 경영 전략서에 가깝다. 불확실성 속에서 다양성을 끌어안는 용기가 어떻게 위기를 기회로 바꾸는지, 그 묵직한 힘을 확인하고 싶은 투자자와 리더들에게 일독을 적극 권해본다.

딱 보기에도 압박감이 느껴지는 두꺼운 책이지만 그럼에도 읽기로 결심했다면, 링컨의 유명한 연설보다 그의 고독하고 처절했던 '결정 방식'에 주목해 보자. 왜 그는 갈등이 불 보듯 뻔한 경쟁자들을 굳이 기용했을까? 그리고 그 지난한 고통의 과정이 어떻게 더 견고한 결과를 만들어냈을까? 그리고 스스로를 돌아보며 '나는 나를 불편하게 만드는 사람의 의견을 끝까지 들어본 적이 있는가?'라는 질문을 던져보길 권한다. 조직을 이끄는 경영자라면 위기 관리의 실전 교본으로, 투자자라면 리더의 숨겨진 그릇을 가늠하는 최고의 심리 지침서로 충분히 활용할 만한 책이다.

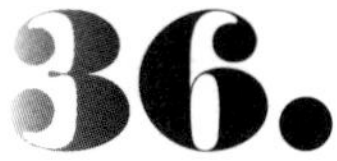 36.

『포춘으로 읽는
워런 버핏의 투자 철학』

원서: Tap Dancing to Work
저자: 캐럴 루미스 (Carol J. Loomis, 1929~)

"나는 매일 아침 탭댄스를 추며 일터로 향한다.
세상에 내가 하는 일보다 더 즐거운 일은 없다."

성공한 인생이란 과연 무엇일까? 통장 잔고의 자릿수? 아니면 세상이 우러러보는 명예? 요즘처럼 '성공한 인생'의 정의가 다양하고 넓었던 시대도 없었던 것 같다. 워런 버핏의 기준은 놀라울 정도로 단순하다. 바로 '아침에 눈을 떴을 때 일터로 향하는 발걸음이 절로 가벼워지는가'다. 그리고 『포춘으로 읽는 워런 버핏의 투자 철학』는 그가 평생에 걸쳐 증명해 온 '일의 기쁨'에 관한 가장 생생하고 인간적인 기록이다. 이 책은 〈포춘Fortune〉의 전설적인 기자이자 버핏의 50년 지기인 캐럴 루미스가 1966년부터 2012년까지 장장 반세기에 걸쳐 버핏을 곁에서 지켜보며 쓴 기사들을 엮어낸 거대한 연대기다.

원서의 제목 '탭 댄싱 투 워크'는 출근길에 발을 구르며 춤추듯 일하러 간다는 버핏의 유머러스한 말버릇에서 따왔다. 실제로 책장을 넘기다 보면 세계 최고의 부자라는 타이틀 이면에 가려진 '진짜 워런 버핏'의 소탈한 체취가 물씬 풍긴다. 주주총회 단상에 앉아 체리코크를 마시며 팝콘을 집어 먹는 모습, 주주들과 격의 없이 농담을 주고받는 유쾌함, 그리고 "내가 사랑하는 사람들과 함께 좋아하는 일을 하는 것보다 더 큰 행운은 없다"고 고백하는 진솔함까지. 돈을 버는 행위 그 자체보다 일의 의미와 관계를 사랑했던 한 인간의 온기가 지면 곳곳에 배어 있다.

하지만 그렇다고 해서 이 책이 버핏의 성공 신화만을 찬양하는 말랑말랑한 에세이라고 생각하면 오산이다. 이 책의 진짜 묘미는 그가 가장 위태로웠던 고비들을 아주 날것 그대로 기록했다는 데 있다. 1991년, 불법 채권 거래 스캔들로 살로몬 브라더스의 존립이 흔들리며 자신의 평판마저 나락으로 떨어질 뻔했을 때, 버핏은 기꺼이 구원투수로 등판해 특유의 정직함으로 사태를 정면 돌파했다. 또 노벨상 수상자들이 이끌던 거대 헤지펀드 LTCM이 파산하며 월스트리

　　　　　　　　제2부. 시장의 소음은 무시하라

트 전체가 공포에 떨었을 때도, 그는 소란스러운 소음에 휩쓸리지 않고 숫자의 이면을 냉정하게 응시하며 평정심을 잃지 않았다. 버핏의 이 놀라울 정도의 '침착함'은 이처럼 피 말리는 시장의 위기들을 온몸으로 통과하며 벼려진 기질의 산물이었던 것이다.

나아가 이 책은 철저한 자본주의자이면서도 월스트리트의 탐욕 앞에서는 가차 없이 회초리를 드는 버핏의 단호한 면모를 조명한다. "공적 자금으로 도박하지 말라"며 일침을 놓는 대목에서는 철학적 깊이마저 느껴진다. 수십조 원을 굴리는 거물 투자자의 따뜻한 유머부터, 시스템의 타락을 경계하는 날카로운 통찰까지 『포춘으로 읽는 워런 버핏의 투자 철학』는 버핏의 모든 것을 입체적으로 담아낸 종합 선물 세트와도 같다.

하지만 부자가 되는 '쉬운 법'을 찾으려 책을 펼친 독자라면 조금 실망할지도 모른다. 하지만 거대한 부를 온전히 담아내는 삶의 태도를 배우고 싶다면 이보다 훌륭한 텍스트는 없다. 자신이 하는 일을 진심으로 사랑하고 그 험난한 과정마저 '탭댄스'로 승화시키는 사람. 시장은 결국 그런 사람의 손을 들어준다는 평범하지만 강력한 진리를 확인할 수 있다.

 **이렇게 읽어보자!**

이 책은 1960년대부터 반세기의 경제사를 관통하는 훌륭한 타임머신이다. 기사 하나하나를 그저 과거의 기록으로 넘기지 말고 오늘의 현실과 겹쳐 읽어보자. 1970년대 인플레이션에 대처하던 버핏의 시각을 오늘의 물가 불안에 대입해 보고, 과거의 금융 위기 분석을 지금의 시장 상황과 비교해 보는 식으로 말이다. 나아가, 책을 덮을 땐 버핏이 직접 쓴 서문을 찬찬히 음미하며 스스로에게 이 질문을 던져보길 바란다.

"나는 지금 내가 하는 일을 온전히 사랑하고 있는가?"

세계 최고의 투자자가 일과 삶을 어떤 온도로 대했는지, 그 긍정의 리듬을 나의 일상으로 가져와 보는 것도 가끔은 좋은 삶의 전환점이 된다.

『데일 카네기 자기관리론』

원서: How to Stop Worrying and Start Living
저자: 데일 카네기 (Dale Carnegie, 1888~1955)

"내일을 준비하는 가장 최선의 방법은 당신의 모든 지성과 열정을 집중해 오늘 해야 할 일을 오늘 완벽하게 해내는 것이다."

주식 투자를 시작한 사람이라면 누구나 밤잠을 설쳐본 경험이 있을 것이다. 밤사이 미국 증시가 폭락하지는 않을까, 내가 산 기업에 갑작스러운 악재가 터지지는 않을까. 이처럼 투자는 본질적으로 '아직 오지 않은 내일'의 불확실성과 싸우는 고단한 심리전이다. 그런데 흥미롭게도 워런 버핏은 1987년의 블랙먼데이나 2008년의 글로벌 금융위기 같은 역사적인 폭락장 속에서도 여느 날처럼 평온하게 아침을 맞이하고 햄버거로 여유롭게 식사를 즐겼으며, 밤에는 어떤 동요도 없이 깊은 잠에 빠져들었다. 그 압도적인 평정심의 기저에는 바로 데일 카네기가 쓴 마음의 처방전, 『데일 카네기 자기관리론』이 자리하고 있다.

카네기는 이 책에서 우리의 피로와 스트레스를 유발하는 주범이 '과도한 업무'가 아니라 '꼬리를 무는 걱정'이라고 날카롭게 진단한다. 그리고 불안의 고리를 끊어내기 위해서는 "과거와 미래를 철저히 차단하라. 오직 '오늘이라는 시간의 밀실Day-tight compartments' 안에서 살아라"라고 단호하게 주문한다.

이 철학은 버핏의 일상과 완벽하게 맞물려 돌아간다. 버핏은 아침마다 빨갛고 파란 주가 창을 들여다보며 시장의 변동성에 귀중한 에너지를 낭비하지 않는다. 대신, 당장 눈앞에 놓인 기업의 재무제표와 500페이지의 사업 보고서를 읽는 데 자신의 모든 지성과 열정을 쏟아붓는다. 그에게 진짜 위험이란 거시 경제가 흔들리는 것이 아니라, 쓸데없는 걱정에 휩싸여 '오늘' 내려야 할 합리적인 판단을 그르치는 것이기 때문이다.

나아가 이 책은 일어날 수 있는 최악의 상황을 가정한 뒤 그것을 기꺼이 받아들이고 차분하게 대안을 모색하라고 조언한다. 세상이 끝날 것 같은 공포가 시장을 덮칠 때마다 버핏이 헐값에 던져진 위

     제2부. 시장의 소음은 무시하라

대한 기업들을 과감하게 쓸어 담을 수 있었던 비결도 바로 여기에 있다. 그는 막연한 공포에 감정을 소모하는 대신, 카네기의 조언대로 최악을 가정한 뒤 차갑고 이성적인 '오늘의 계산'에만 몰두했다.

"다 잘될 거야"라는 식의 말랑말랑한 위로를 건네는 흔한 자기계발서는 그다지 삶에 도움이 되지 않는다. (그런 책이 읽고 싶었다면 번지수를 잘못 찾았다.) 『데일 카네기 자기관리론』은 인간의 가장 나약한 본성인 불안을 정면으로 해부하고, 그것을 통제해 생산적인 에너지로 바꾸는 법을 알려주는 실전 심리학에 가깝기 때문이다. 내가 통제할 수 없는 수평선 너머의 폭풍우를 걱정하는 대신, 오늘 당장 내가 딛고 있는 단단한 땅을 어떻게 다질 것인지에 집중하자. 주가가 떨어져 밤잠을 설치고 있거나 내일의 불확실성 때문에 오늘의 일상을 망치고 있는 사람에게 이 책은 훌륭한 각성제가 되어줄 것이다.

✺ 이렇게 읽어보자!

이 책에는 걱정을 극복하기 위한 카네기의 구체적이고 실용적인 매뉴얼들이 가득하다. 처음부터 끝까지 정독하는 것도 좋지만, 목차를 펼쳐 당장 내게 필요한 처방전 하나를 골라 오늘부터 바로 적용해 보는 것을 추천한다. 머릿속을 맴도는 걱정거리들을 빈 종이에 낱낱이 적어보고, '내가 통제할 수 있는 일'과 '통제할 수 없는 일'을 냉정하게 가려보는 식이다. 그리고 지난달에 잠 못 이루며 걱정했던 일들 중 실제로 일어난 일이 과연 몇 개나 되는지도 돌이켜 보자. 장담하건대, 거의 없었을 것이다.

 그럼에도 불구하고 불안감에 견딜 수 없다면, 그 불안감을 잘게 쪼개고, 최악의 결과를 상상하며 그를 받아들이는 연습도 해보자. 그 과정에서 '자신이 바꿀 수 있는 일은 무엇인지'를 스스로에게 묻고 행동할 수 있다면, 이 책은 불안을 다스리는 가장 실용적인 삶의 매뉴얼이 되어줄 것이다.

38.

『글쓰기의 요소』

원서: The Elements of Style
저자: 윌리엄 스트렁크 주니어 (William Strunk Jr., 1869~1946), E. B. 화이트 (E. B. White, 1899~1985)

"불필요한 단어를 생략하라. 힘 있는 글은 간결하다."

책 제목을 봤다면, 투자의 신이라 불리는 이의 서재에 뜬금없이 웬 작법서냐는 궁금증이 생겼을 법하다. 하지만 앞서 말했듯 워런 버핏은 미국 증권거래위원회가 펴낸 『명확한 영어 글쓰기 지침서』의 서문을 직접 썼을 정도로 '투명하고 간결한 글쓰기'에 매우 진심인 사람이다. 그런 그가 평생 곁에 두고 명확한 소통의 교본으로 삼은 책이 바로 윌리엄 스트렁크 주니어와 E. B. 화이트가 쓴 소책자, 『글쓰기의 요소』다.

버핏의 연례 주주 서한을 한 번쯤 읽어본 사람은 알겠지만, 그가 쓴 글은 월스트리트의 딱딱한 보고서들과는 차원이 다르다. 난해한 금융 전문 용어로 도배된 '전문가들의 암호문'이 아니라, 마치 이웃집 할아버지가 친근하게 들려주는 옛날이야기처럼 술술 읽힌다. 그 비결은 철저히 이 책의 원칙을 따랐기 때문이다. 1918년 코넬 대학교의 스트렁크 교수가 학생들을 위해 엮고 훗날 제자인 화이트가 다듬어 완성한 이 책의 핵심 진리는 단 하나다.

"불필요한 단어를 없애라Omit needless words."

흥미롭게도 버핏은 이 단순한 글쓰기 규칙에서 자신의 투자 철학을 겹쳐 보았다. 글이 복잡해지는 이유는 멋을 부리기 위해서가 아니라, 글쓴이 스스로가 무엇을 말하는지 명확히 모르거나 무언가를 숨기려 할 때다. 투자도 마찬가지다. 비즈니스 모델이 지나치게 복잡하고 난해한 용어로 포장되어 있다면, 그것은 훌륭한 투자처가 아니라 도리어 '경계해야 할 것'이다.

버핏은 "내가 이해할 수 없는 문장은 쓰지 않는다"는 철칙 아래, 어려운 금융 개념을 늘 일상적인 비유로 치환했다. 가령, 시장의 거품이나 파생상품에 숨겨진 치명적인 위험성을 경고할 때 그는 복잡한 수식을 들이미는 대신 이렇게 말한다. "수영장에 물이 빠지고 나

면, 그제야 누가 벌거벗고 헤엄치고 있었는지 알 수 있습니다." 혹
은 보험업의 본질을 설명할 때는 유명한 포커 게임을 끌어와 "30분
동안 포커를 쳤는데도 테이블에서 누가 '호구patsy'인지 모르겠다면,
바로 당신이 호구다"라고 직언하는 식이다. (그의 언어는 명쾌한데 유쾌
하기까지 하다.)

버핏에게 글쓰기는 기능적인 의사소통의 기술이 아니라, 사고의
군더더기를 끊임없이 덜어려내는 치열한 훈련 과정이었다. 어려운
금융 용어를 남발하는 대신, 누구나 고개를 끄덕일 수밖에 없는 명
료한 언어로 핵심을 찌르는 것. 글이 복잡해지는 순간 신뢰는 무너
지고, 신뢰가 무너지면 투자의 굳건한 관계도 흔들린다는 사실을 그
는 깊이 이해하고 있었다. 결국 버핏이 월스트리트에서 가장 존경받
는 인물로 남을 수 있었던 가장 강력한 무기는 천문학적인 수익률
이전에, 바로 이 '명료하고 솔직한 언어'였던 셈이다.

✦ 이렇게 읽어보자!

고작 글쓰기 책이라고 만만하게 보지 말자. 『글쓰기의 요소』는 전형적
인 작문 교재를 넘어, 복잡한 머릿속을 맑게 비워주는 '사고 정리의 기

술'을 담고 있으니 말이다. 당장 오늘 작성해야 할 보고서나 이메일에 이 책의 원칙을 단 하나라도 적용해 보자. 현란한 형용사와 불필요한 부사를 지우고, 길게 늘어지는 문장을 과감하게 반으로 쪼개는 것만으로도 글의 힘이 얼마나 단단해지는지 체감할 수 있을 것이다. (물론 쉽지 않다!) 그리고 글을 보고하거나 전송하기 전, 버핏의 조언처럼 누구라도 이 글을 읽고 단번에 이해할 수 있을지 한 번 더 검토하자. 투명한 언어는 투명한 생각을 낳고, 투명한 생각은 결코 흔들리지 않는 신뢰를 만들어낸다는 걸 명심해야 한다.

　　　　　　　　　　　　　　　

39.

『워런 버핏의 주주 서한』

원서: The Essays of Warren Buffett
저자: 워런 버핏 (Warren Buffett, 1930~)
엮은이: 로렌스 커닝햄 (Lawrence A. Cunningham, 1962~)

**"가격은 당신이 지불하는 것이고,
가치는 당신이 얻는 것이다."**

매년 봄이 되면 전 세계 수백만 명의 투자자들이 오마하에서 날아올 '한 통의 편지'를 애타게 기다린다. 자본주의의 축제라 불리는 버크셔 해서웨이 주주총회를 앞두고 워런 버핏이 직접 작성해 보내는 연례 주주 서한이다. 이 편지들은 의례적인 실적 보고서가 아니다. 세계 최고의 투자자가 시장, 기업, 인간의 탐욕을 바라보는 날카로운 시선이 유쾌한 언어로 녹아 있는 그야말로 '자본주의의 바이블'이라 할 수 있다.

하지만 수십 년 치의 방대한 편지를 처음부터 끝까지 다 찾아 읽기란 (아무리 열정적인 투자자라도) 결코 만만한 일이 아니다. 그 벅찬 수고를 완벽하게 덜어주는 단 한 권의 '결정판'이 바로 조지 워싱턴 대학교의 로렌스 커닝햄 교수가 엮어낸 이 책, 『워런 버핏의 주주 서한』이다. 이 책은 편지들을 지루하게 연대기순으로 나열하지 않았다. 기업 지배구조부터 재무와 투자, 인수합병, 회계에 이르기까지 버핏의 철학을 꿰뚫는 굵직한 주제들을 골라 아주 촘촘하고 세련되게 엮어냈다. 그 완성도가 얼마나 뛰어난지, 버핏 본인조차 "내 투자 철학을 가장 완벽하고 일관성 있게 정리한 책"이라며 쌍수를 들어 환영했을 정도다. (실제로 그가 팬들에게 가장 많이 사인해 주는 책이기도 하다.)

책장을 넘기면 버핏 투자 철학의 정수가 폭포수처럼 쏟아진다. 스승 벤저민 그레이엄에게서 물려받은 '안전마진'부터, 시장의 변덕을 의인화한 '미스터 마켓', 그리고 자신이 완벽하게 이해하는 영역 안에만 머물라는 '능력의 범위Circle of Competence'까지 투자의 기본기를 다지는 굵직한 개념들이 쉴 새 없이 이어진다.

하지만 이 책의 진짜 매력은 이런 원칙들을 설명하는 버핏 특유의 '솔직함'에 있다. 그는 눈부신 성공담만 늘어놓지 않는다. 오히려

"내 인생 최악의 실수는 버크셔 해서웨이(당시 방직 공장)를 인수한 것"이라며 자신의 뼈아픈 오판과 실패담을 가감 없이 털어놓는다. 과장된 수치로 치장하기 바쁜 일반적인 CEO들의 보고서와는 차원이 다르다. 주주를 그저 자금줄이 아닌 진정한 '동업자'로 대하는 그의 진정성이 고스란히 묻어난다.

투자의 기술을 넘어, 이 책은 훌륭한 '경영'이란 무엇인지에 대한 서늘한 화두를 던진다. 버핏은 단기 실적에 집착해 이익을 부풀리는 회계 관행이나, 기업이 망가져도 천문학적인 퇴직금을 챙겨 가는 탐욕스러운 월스트리트의 CEO들을 향해 신랄한 독설을 날린다. 그가 곁에 두고자 하는 리더는 오직 정직하고 유능하며, 주주의 이익을 위해 '자본을 가장 합리적으로 배분Capital Allocation할 줄 아는 사람'뿐이다. 숫자를 쫓는 주식 투자서를 넘어, 비즈니스의 본질과 사람의 그릇을 꿰뚫어 보는 거장의 날카로운 통찰을 훔쳐보고 싶다면 이보다 완벽한 텍스트는 없다.

 **이렇게 읽어보자!**

이 두꺼운 책을 처음부터 끝까지 정독하겠다는 비장한 결심을 했다면 그 결심, 잠시 내려놓길 바란다. 그보다 이 책은 지금 당장 내 투자에 필요한 해답을 찾는 '백과사전'처럼 대하는 편이 훨씬 효율적이다. 가령 시장 상황이 불안해 앞으로의 결정이 막막하게 느껴질 때, 목차를 넘겨 도움이 될 만한 해당 챕터만 쏙 빼먹듯 읽는 걸 추천한다.

한 가지 팁을 더하자면, 거장이 찍어주는 '정답(종목)'을 찾으려 하지 말고 그가 정답을 도출해 내는 '방식Framework'을 집요하게 파고들어야 한다. 어떤 종목을 샀는지는 과거의 결과지만, 기업을 어떻게 평가하는지는 평생 써먹을 수 있는 무기이기 때문이다.

제2부. 시장의 소음은 무시하라

5장

인생의 원칙과 인간의 품격
: 철학, 성찰, 본질

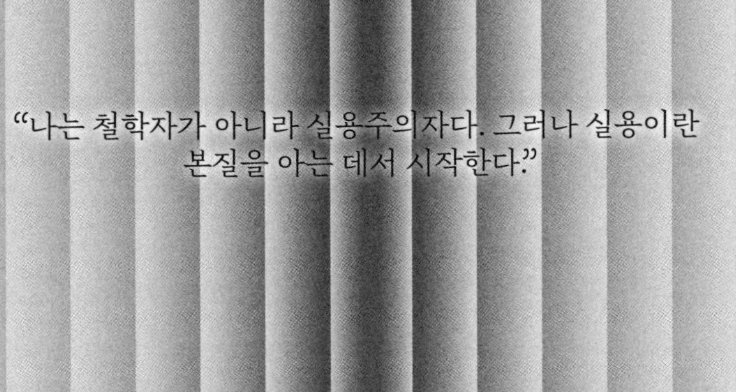

"나는 철학자가 아니라 실용주의자다. 그러나 실용이란
본질을 아는 데서 시작한다."

40.

『자기신뢰』

원서: Self-Reliance
저자: 랄프 왈도 에머슨 (Ralph Waldo Emerson, 1803~1882)

> "세상 안에서 세상의 의견을 따라 사는 것은 쉽다.
> (중략) 하지만 위대한 사람은 군중의 한가운데서도
> 고독의 독립성을 완벽하게 유지하는 사람이다."

스티브 잡스, 일론 머스크, 헨리 데이비드 소로, 버락 오바마, 그리고 워런 버핏까지. 시대를 막론하고 세상에 없던 자신만의 길을 개척한 거인들에게는 하나의 공통점이 있다. 바로 19세기 미국의 사상가 랄프 왈도 에머슨이 남긴 짧고 강렬한 수필, 『자기신뢰』를 인생의 텍스트로 삼았다는 점이다.

1841년에 출간된 이 책은 단순히 성공하는 법을 넘어, 타인의 시선과 사회적 관습이라는 거대한 파도 속에서, '나'라는 존재의 '고유성'을 어떻게 지켜낼 것인지 를 묻는다. 나아가 우리에게 묵직한 돌직구까지 날린다.

"너 자신을 믿어라. 모든 마음은 그 강철 같은 줄에 맞추어 진동한다."

워런 버핏은 이 문장에서 평생을 관통할 투자의 기본기를 배웠다. 바로 스스로의 판단을 굳게 믿고 고독을 견뎌내는 용기다. 그가 대학 시절 친구들이 유행하는 진로를 좇을 때도 "나는 나만의 속도로 가겠다"며 중심을 잡을 수 있었던 배경에는 이 책이 있었다.

그는 대중이 열광하는 테마주를 철저히 외면했고, 전 세계가 닷컴 버블에 취해 있을 때도 "나는 내가 잘 아는 일만 한다"며 조용히 한발 물러섰다. 코카콜라나 질레트 같은 전통 소비재 기업에 남들이 뭐라든 집요하게 투자할 수 있었던 것도, 시장의 변덕(외부의 목소리)이 아니라 오직 자기 자신의 분석(내면의 목소리)만을 신뢰하는 단단한 맷집이 있었기에 가능했다.

나아가 에머슨은 타인의 기대는 물론, 심지어 '과거의 자신'에게조차 얽매이지 말라고 단호하게 조언한다. "오늘 아침 내가 옳다고 생각했던 것이 저녁이 되어 틀린 것처럼 보일 수도 있다. 그렇다고

　　　　　　　　　　　　　제2부. 시장의 소음은 무시하라

아침의 나를 부정하지 마라. 그 변화마저 자신의 것이기 때문이다.”

이 구절은 뼈아픈 실패를 대하는 버핏의 쿨한 태도와 놀랍도록 겹쳐진다. 버핏은 자신의 오판이 드러났을 때 구차한 변명을 늘어놓거나 시장 환경을 탓하지 않는다.

“그 결정은 그때의 내가 내린 최선이었습니다. 지금의 나는 그때보다 조금 더 나아졌을 뿐입니다.”

자신의 실수를 담담히 인정하고 그 책임마저 기꺼이 감당하는 태도. 이것이야말로 에머슨이 말한 진짜 ‘자기신뢰’의 완성형이 아닐까?

✵ 이렇게 읽어보자!

19세기에 쓰인 철학 수필인 만큼, 책을 펼칠 때마다 툭툭 나오는 현학적인 문장들이 다소 낯설게 보일 수 있다. 하지만 마음이 어지러운 날, 아무 페이지나 펼쳐 내 마음에 꽂히는 한 구절을 가만히 곱씹어보면 놀라운 통찰을 만나게 될 거라 장담한다. 타인의 시선이나 세상의 유행에 휩쓸려 내 삶의 운전대를 남에게 넘겨주고 싶어질 때마다 이 책을 곁에 두자. 그리고 스스로에게 “나는 지금 군중 속에서도 내 방식대로 당당하게 살고 있는지”를 자문해보자. 만약 이 질문 앞에서 조금이라도 주춤거리게 된다면, 그때가 바로 세상의 소음을 끄고 에머슨의 세계로 들어갈 완벽한 타이밍이다.

『세상을 보는 지혜』

원서: The Art of Worldly Wisdom
저자: 발타사르 그라시안 (Baltasar Gracián, 1601~1658)

"모든 진실을 다 말할 수는 없다. 어떤 진실은 나 자신을 위해,
또 어떤 진실은 타인을 위해 침묵 속에 감춰두어야 한다."

직장 생활을 하거나 비즈니스를 하다 보면 꼭 이런 사람을 만나게 된다. 머리 회전이 비상하고 아는 것도 많지만, 굳이 하지 않아도 될 말을 쏟아내어 적을 만들고 스스로 신뢰를 깎아 먹는 사람. 반면, 결정적인 순간에 침묵할 줄 알며 부드러운 태도로 원하는 것을 조용히 다 얻어내는 사람도 있다. 우리는 전자를 똑똑하다고 부르지만, 후자를 '지혜롭다'고 부른다.

17세기 스페인의 예수회 사제 발타사르 그라시안이 쓴 『세상을 보는 지혜』는 바로 이 '지혜로운 자'가 되기 위한 300개의 아포리즘(잠언)을 담고 있다. 흥미롭게도 이 책은 종교인이 쓴 책이지만, 도덕적인 훈계나 이상향을 강요하지 않는다. 오히려 너무나도 세속적이고 냉혹할 만큼 현실적이다. 그런 만큼 『세상을 보는 지혜』는 흔히 마키아벨리의 『군주론』과 비교되기도 하는데, 마키아벨리가 '공포'를 무기로 삼으라고 가르친다면 그라시안은 인간 사회라는 불완전한 게임판 위에서 '적을 만들지 않고 우아하게 살아남는 법'을 조언한다. 평생 '세속적 지혜Worldly Wisdom'를 강조해 온 찰리 멍거와 워런 버핏의 멘털 모델에 가장 완벽하게 부합하는 철학서라 할 수 있다.

그래서일까? 그라시안의 조언을 읽다 보면 자연스럽게 워런 버핏의 모습이 떠오른다. 버핏은 체리 코크를 마시며 우쿨렐레를 튕기는 '이웃집 할아버지' 같은 푸근한 페르소나를 유지하지만, 실제 그는 월스트리트에서 가장 냉철하게 자본을 배분하는 전략가다. 그라시안은 책에서 "자신의 재능을 한 번에 모두 드러내지 마라. 바닥이 보이지 않아야 존경을 받는다"고 경고하는데, 버핏 역시 자신이 얼마나 예리하고 똑똑한지 굳이 과시하지 않는다. 앞서 언급했듯, 그는 어려운 금융 용어 대신 포커 게임 같은 쉬운 비유를 쓰고, 자신을 낮추는 유머 뒤에 진짜 날카로운 전략을 숨겨둔다. 똑똑함을 뽐내어 타인의 경계심을 사는 대신, 기꺼이 자신을 낮춤으로써 실리를 챙기는 고도의 '자기 통제'인 셈이다.

또한 이 책은 섣부른 판단을 경계하며 "상황이 무르익을 때까지 결정을 미루는 기술"을 강조한다. 투자 세계에서 가장 치명적인 실수는 조급함에서 비롯된다. 버핏이 늘 "내가 좋아하는 공Fat pitch이 날아올 때까지 배트를 휘두르지 않고 기다린다"고 말하는 태도 역시, 그라시안의 냉정한 지연 전술과 정확히 맞물려 돌아간다.

우리는 종종 나의 유능함을 증명하기 위해 너무 많은 말을 쏟아내고, 그 조급함 때문에 스스로 판을 그르치곤 한다. (지금 '이거 내 얘기인가?'라며 움찔하지 않았는가?) 만약 얽히고설킨 인간관계에 지치거나 조급함에 날 선 말을 던지고 싶어 마음이 요동칠 때면 조용히 이 책을 펼쳐보자. 투자의 세계든 일상의 관계든, 결국 최후의 승자는 가장 말을 많이 한 사람이 아니라 자신의 바닥을 내보이지 않고 우아하게 때를 기다린 사람이다. 정답을 아는 것보다 그것을 언제, 누구에게 말할지 아는 섬세함, 그리고 타인을 짓밟지 않으면서도 나의 품격을 지켜내는 처세. 버핏이 수십 년의 험난한 자본 시장 속에서도 결코 적을 만들지 않고 존경받는 거인으로 남을 수 있었던 진짜 비결을, 이 17세기 사제의 문장 속에서 발견할 수 있을 것이다.

 **이렇게 읽어보자!**

300개의 짤막한 격언으로 이루어져 있어 출퇴근길 지하철이나 잠들기 전 5분 동안 읽기에 이보다 완벽한 책은 없다. 누군가에게 화가 잔뜩 나서 뾰족한 이메일의 '전송' 버튼을 누르기 직전, 혹은 중요한 협상을 앞두고 마음이 조급해질 때 이 책을 아무 페이지나 무작위로 펼쳐보자. "어리석은 자는 시작할 때 허세를 부리고, 지혜로운 자는 끝날 때 미소 짓는다" 같은 문장들이 정수리에 찬물을 끼얹듯 당신의 흥분을 가라앉혀 줄 것이다. 남을 통제하는 기술을 배우려 하지 말고, 나의 말과 행동이 타인에게 어떻게 비칠지 비춰보는 '마음의 거울'로 곁에 둔다면, 당신의 인간관계는 전보다 훨씬 안전해지지 않을까.

『명상록』

원서: Meditations
저자: 마르쿠스 아우렐리우스 (Marcus Aurelius, 121~180)

"만일 당신이 외부의 어떤 것 때문에 고통받고 있다면,
그 고통은 외부 사물 때문이 아니라 당신 스스로의 평가 때문이다.
그리고 당신은 언제든 그 평가를 철회할 힘을 가지고 있다."

인류 역사상 가장 거대한 권력을 쥐었던 로마 제국의 황제. 세상의 모든 부와 쾌락을 마음대로 누릴 수 있었던 그는, 아이러니하게도 가장 춥고 외로운 전쟁터의 막사 안에서 촛불을 켜고 홀로 이 글을 썼다.

마르쿠스 아우렐리우스의 삶은 겉보기엔 화려했지만 실상은 혹독한 시련의 연속이었다. 북방 이민족과의 끝없는 전쟁, 로마 전역을 휩쓴 끔찍한 역병, 믿었던 측근의 반란과 정치적 음모까지. 『명상록』은 이 지옥 같은 혼돈 속에서 황제가 세상이 아닌 '자기 자신의 영혼'을 다스리기 위해 매일 밤 피를 토하듯 써 내려간 고독하고도 사적인 일기장이다.

이 황제의 일기장이 오늘날 워런 버핏과 찰리 멍거를 비롯한 수많은 대가들의 인생 책으로 꼽히는 이유는 무엇일까? 그 근저에는 '스토아 철학'의 강력한 핵심, 즉 '내가 통제할 수 있는 것과 없는 것을 엄격하게 구분하는 태도'가 깔려 있다.

주식 시장은 이 철학을 시험하는 가장 잔혹하고 거대한 콜로세움이다. 내일 주가가 오를지, 금리가 어떻게 변할지, 거시 경제가 어떤 사이클을 그릴지는 완벽한 '통제 밖'의 영역이다. 버핏이 시장의 광기(미스터 마켓)와 폭락 속에서도 평정심을 잃지 않는 비결은, 통제할 수 없는 남의 마음이나 거시 지표를 예측하려 들지 않기 때문이다. 그는 오직 자신이 이해할 수 있는 '기업의 내재가치'를 분석하고 '자신의 원칙'을 지키는 일, 즉 완벽히 통제 가능한 '내 안의 영역'에만 무서운 집중력을 발휘한다.

또한 아우렐리우스는 타인의 환호나 비난에 흔들리지 말고 오직 자신의 양심에 집중하라고 거듭 강조했다. 이는 버핏이 평생토록 아버지에게서 배워 입버릇처럼 강조해 온 '내면의 점수표Inner

Scorecard' 철학과 놀라울 정도로 일치한다. 세상 사람들이 나를 바보라고 손가락질하더라도 내 스스로의 기준에 떳떳한 길(내면의 점수표)을 걷는 것. 버블 때마다 월스트리트의 조롱거리가 되곤 하는 워런 버핏이 묵묵히 자신의 길을 가며 침묵을 지킬 수 있었던 것은, 2천 년 전 로마 황제가 보여주었던 이 단단한 스토아적 맷집이 그의 내면에도 깊게 뿌리내리고 있었기 때문이다.

찰리 멍거 역시 "살면서 마주하는 끔찍한 불운 앞에서 자기 연민에 빠지지 마라. 그것은 상황을 더 악화시킬 뿐이다"라며 평생 스토아 철학을 인생의 나침반으로 삼았다. 결국 '성공한 투자자'가 된다는 것은 남들보다 특출난 기법을 아는 것이 아니라, 혼란 속에서도 '기꺼이 고독을 선택하고 내면의 평화를 지켜내는 철학자'가 된다는 뜻이 아닐까.

🧭 이렇게 읽어보자!

이 책은 첫 페이지부터 밑줄을 치며 공부하듯 읽을 책이 아니다. 그저 마음의 면역력이 뚝 떨어졌을 때, 꺼내어 복용하는 강력한 해독제처럼 곁에 두자.

  제2부. 시장의 소음은 무시하라

주식 계좌에 뜬 새파란 마이너스 수익률에 밤잠을 설치거나, 직장에서 억울한 일을 당해 분노로 심장이 뛸 때 무작위로 아무 페이지나 펼쳐보라. "세상의 무가치함에 분노하지 마라. 상처받았다고 생각하지 않으면 상처는 사라진다"라는 황제의 침착하고 묵직한 조언이 요동치던 마음을 단번에 가라앉혀 줄 것이다. 어떤 외부의 충격 앞에서도 내 감정을 통제할 수 있는 사람, 그가 바로 인생이라는 진짜 투자 시장의 최종 승자임을 잊지 말자.

43.

『성경』

원서: The Bible
저자: 다수 저자

"손을 게으르게 놀리는 자는 가난하게 되고,
손이 부지런한 자는 부하게 되느니라. (잠언 10:4)"

세계 최고의 자본가가 곁에 두는 수천 년 된 책의 매력은 과연 뭘까? 실제로 워런 버핏은 매주 주일 예배를 챙기는 독실한 신앙인과는 거리가 멀다. 오히려 버핏 자신은 스스로를 불가지론자Agnostic에 가깝다고 말한다. (매주 교회를 나가는 맹목적인 신앙인은 아니라는 뜻이다.) 그럼에도 그가 주주 서한이나 인터뷰에서 수시로 『성경』 구절을 인용하는 이유는 뭘까? 맞다. 그에게 이 두꺼운 고전은 맹목적으로 믿어야 할 종교 서적이 아니라, 탐욕이 들끓는 세상 속에서 자신을 지켜주는 가장 완벽한 '윤리 교본'이다.

그가 『성경』에서 길어 올린 가장 강력한 첫 번째 무기는 '자족自足과 검소함'이다. 버핏은 1958년에 3만 1,500달러를 주고 산 오마하의 낡은 주택에 여전히 살고 있으며, 매일 아침 출근길에 맥도날드에 들러 3달러 남짓한 모닝 세트로 끼니를 해결한다. "자족하는 마음이 있으면 경건은 큰 이익이 되느니라"(디모데전서 6:6)라는 성경의 가르침을 수십조 원의 자산을 가진 자본가가 현실에서 그대로 증명하고 있는 셈이다. 끝없는 탐욕이 득실거리는 월스트리트에서 그가 파멸하지 않고 끝까지 살아남을 수 있었던 것은, 남보다 더 많이 가져서가 아니라 '적은 것으로도 충분히 만족하는 법'을 일찍이 깨달았기 때문이 아닐까.

두 번째 무기는 타협 없는 '정직'이다. 2011년, 버크셔 해서웨이의 가장 강력한 후계자로 거론되던 데이비드 소콜이 내부 정보를 이용해 주식 거래를 한 사실이 드러났다. 버핏은 즉각 그를 내치고 이 사실을 주주들에게 투명하게 공개했다. 아끼던 최측근이라도 평판과 신뢰에 흠집을 내는 행위는 결코 용납하지 않겠다는 단호한 결단이었다. "속이는 저울은 여호와께서 미워하시나 공평한 추는 그가 기뻐하시느니라"(잠언 11:1)라는 구절은, "명성을 쌓는 데는 20년이 걸리지만, 그것을 무너뜨리는 데는 단 5분이면 족하다"는 버핏의 평생 철학과 완벽하게 맞닿아 있다.

무엇보다 버핏은 『성경』의 지혜를 투자 시장의 광기를 경계하는 데 탁월하게 활용했다. 닷컴 버블이 터지고 시장이 피를 흘리던 2001년, 그는 주주 서한에 성경의 창세기 일화를 끌어와 월스트리트의 헛똑똑이들을 이렇게 꼬집었다.

"비를 예측하는 것은 중요하지 않습니다. 중요한 것은 방주를 짓는 일입니다."

남들이 기술주로 일확천금을 노릴 때, "내가 이해할 수 없는 것에는 투자하지 않는다"며 비난 속에서도 코카콜라와 질레트 같은 튼튼한 방주(기업)를 짓고 묵묵히 인내했던 그의 태도. 버핏에게 『성경』은 눈앞의 요행을 바라는 대신, 흔들림 없이 오늘 하루의 벽돌을 쌓아 올리는 '부지런한 자의 윤리'를 가르쳐준 가장 위대한 멘토였다.

✦ 이렇게 읽어보자!

『성경』은 율법, 시, 역사, 예언이 뒤섞인 방대한 텍스트다. 무턱대고 줄줄이 낯선 이름들이 나열되는 창세기부터 읽다 보면 금세 길을 잃기 십상이다. 워런 버핏 식으로 읽어볼 마음이라면, 먼저 복잡한 신학적 해석

     제2부. 시장의 소음은 무시하라

이나 종교적 의무감은 잠시 내려놓자.

특히 솔로몬의 지혜가 담긴 〈잠언〉이나 인생의 덧없음을 논하는 〈전도서〉부터 가볍게 펼쳐보는 걸 추천한다. 얄팍한 처세술이 난무하는 시대에, "나는 오늘 하루 어떤 원칙과 질서로 살아가고 있는가?"라는 묵직한 통찰을 얻을 수 있다. 수익의 크기보다 원칙의 일관성이 진짜 부를 결정한다는 사실. 이 오래된 공식은 그 변치 않는 진리를 고스란히 품고 있다.

14.

『핵 테러리즘』

원서: Nuclear Terrorism
저자: 그레이엄 앨리슨 (Graham Allison, 1940~)

"핵테러는 인류 최악의 재앙이지만,
동시에 궁극적으로 예방할 수 있는 재앙이기도 하다."

오마하의 현인 워런 버핏은 미국 자본주의의 미래를 그 누구보다 굳건하게 낙관하는 사람이다. 그런 그가 밤잠을 설치며 두려워하는 단 하나의 '최악의 시나리오Ultimate bear case'는 무엇일까? 주식 시장의 대폭락? 걷잡을 수 없는 인플레이션? 아니다. 그가 수십 년 전부터 주주 서한과 인터뷰를 통해 끊임없이 경고해 온 인류 최대의 위협은 바로 '핵 테러Nuclear Terrorism'다.

이러한 공포의 배경에는 하버드 대학교 케네디 스쿨의 그레이엄 앨리슨 교수가 쓴 명저, 『핵 테러리즘』이 자리하고 있다. 앨리슨 교수는 이 책에서 매우 냉혹한 현실을 짚어낸다. 일례로, 알카에다 같은 극단주의 테러 조직은 이미 수백만 명을 죽일 '동기'를 충분히 갖고 있으며, 그들에게 부족한 것은 단 하나, 폭탄을 만들 '수단(핵물질)'뿐이라는 것. 특히 구소련 붕괴 이후 러시아 곳곳에 방치된 '느슨한 핵무기Loose Nukes'나 불안정한 국가들의 핵물질이 테러리스트의 손에 넘어가는 것은 그저 시간문제일 수 있다고 강력하게 경고한다.

자칫 이러한 이야기들은 또 다른 형태의 종말론처럼 들리기도 한다. 하지만 이 책의 진짜 메시지는 종말을 미리 막기 위한 '해법'이다. 앨리슨은 핵 테러를 "궁극적으로 예방 가능한 재앙"이라고 단언한다. 테러리스트의 머릿속(의도)을 통제하거나 그들의 분노를 가라앉히는 것은 불가능에 가깝지만 테러의 필수 재료인 '핵물질'을 물리적으로 차단하는 것은 우리의 통제 범위 안에 있다는 것이다. "핵물질이 없으면, 핵폭발도 없다"는 자명한 원리다.

그는 이를 위해 국제 사회가 따라야 할 '3 No 원칙'을 제시한다. 방치된 핵무기 제거No Loose Nukes, 새로운 핵물질 생산 금지No New Nascent Nukes, 그리고 지금도 여전히 여기저기 갈등을 일으키는 신흥 핵보유국 용납 불가No New Nuclear States가 바로 그것이다.

버핏이 이 책을 가리켜 "국가 안보에 관심 있는 사람이라면 반드시 읽어야 할 필독서"라며 극찬한 이유가 바로 여기에 있다. (버핏이 평생을 지켜온 '안전마진' 원칙이 떠오르지 않는가?)

버핏은 내일 주식 시장이 어떻게 요동칠지, 대중이 어떤 주식에 환호할지(통제 불가능한 변수)를 예측하는 데 시간을 낭비하지 않는다. 대신, 자신이 완벽하게 이해할 수 있는 튼튼한 기업을 싼값에 사들이는 것(통제 가능한 변수)에 집중해 손실 위험을 원천 차단해 버린다. 즉『핵 테러리즘』은, 핵을 중심으로 한 역학관계와 미래 예측을 돕는 유익한 도서이기도 하지만, 국가 안보라는 거대한 스케일로 써 내려간 궁극의 리스크 관리 교본으로도 볼 수 있다.

✸ 이렇게 읽어보자!

당장 우크라이나 전쟁으로 인한 원전 피격 위험이나 중동의 지정학적 위기를 뉴스로 접하는 오늘날, 이 책의 경고는 결코 먼 나라의 이야기가 아니다. 거대한 재앙 앞에서 인간이 어떻게 위험의 본질을 꿰뚫어 보고, 예측 불가능한 변수 대신 통제 가능한 영역에 집중해야 하는지 이보다 완벽하게 보여주는 텍스트는 드물다. 투자에 관한 책이 아니라고 해서 지나치지 말고, 내 일상이나 비즈니스에서 도저히 통제할 수 없는 변수들 때문에 짓눌리고 막막한 기분이 들 때 펼쳐보는 것도 나쁘지 않은 선택이다.

   제2부. 시장의 소음은 무시하라

『국부론』

원서: The Wealth of Nations
저자: 애덤 스미스 (Adam Smith, 1723~1790)

"우리가 저녁 식사를 할 수 있는 것은 정육점 주인이나 양조장 주인, 제빵사의 자비심 때문이 아니라 그들의 이기심 덕분이다."

늦은 밤, 스마트폰 버튼 하나만 누르면 누군가 오토바이를 타고 따뜻한 치킨을 집 앞까지 배달해 준다. 치킨집 사장님과 배달 기사가 나를 끔찍이 사랑해서 베푸는 자비일까? 당연히 아니다. 그들은 그저 자신의 수익을 위해 일할 뿐이다. 하지만 그러한 행동들이 모여 나는 야식의 즐거움을 얻고, 누군가는 일자리를 얻으며, 경제라는 거대한 수레바퀴가 굴러간다.

250년 전, 스코틀랜드의 철학자 애덤 스미스가 『국부론』에서 간파한 자본주의의 위대한 마법, 즉 '보이지 않는 손Invisible hand'은 오늘날의 배달 앱 시장에서도 한 치의 오차 없이 작동하고 있다.

워런 버핏이 수십 년간 주식 시장에서 흔들림 없이 승리할 수 있었던 가장 깊은 밑바탕에는 바로 이 시스템에 대한 무한한 신뢰가 깔려 있다. 사람들은 종종 자본주의를 탐욕의 시스템이라 욕하지만, 버핏은 인간의 '합리적 이기심'이 결국 사회 전체의 부를 키운다는 스미스의 통찰을 평생의 투자 나침반으로 삼았다.

버핏이 사랑하는 기업들을 보라. 애플Apple이 혁신적인 아이폰을 만들고, 엔비디아Nvidia가 압도적인 AI 반도체를 설계하는 것은 세상에 자선을 베풀기 위해서가 아니다. 하지만 그 과정에서 인류의 삶은 상상할 수 없을 만큼 진보했다. 버핏은 이처럼 '개인의 사익 추구'가 '대중의 공익'으로 완벽하게 전환되는 생태계를 구축한 기업에 자신의 자본을 쏟아붓는다.

또한 스미스는 이 책에서 '분업Division of Labor'의 기적을 강조한다. 혼자서 바늘 하나를 만들면 하루 종일 걸리지만, 공정을 쪼개어 여러 사람이 협업하면 수천 개의 바늘을 쏟아낼 수 있다는 것이다. 이는 오늘날 설계는 미국이, 부품은 한국이, 조립은 대만이 맡는 거대한 글로벌 공급망Supply Chain의 시초이자, 버핏이 기업의 해자와 내부

효율성을 평가할 때 사용하는 아주 중요한 잣대이기도 하다.

하지만 결코 오해해선 안 될 대목이 있다. 애덤 스미스는 피도 눈물도 없는 승자독식의 시장을 찬양한 적이 없다는 사실이다. 그는 『국부론』을 쓰기 전 『도덕감정론』을 집필했으며, 타인에 대한 '공감 Sympathy'과 공정한 룰이 무너진 시장은 결국 타락할 수밖에 없다고 강력하게 경고했다. 버핏이 주주 서한에서 경영진의 도덕성을 끊임없이 묻고 따지며, 신뢰를 잃은 기업은 가차 없이 포트폴리오에서 쳐내는 이유 역시 이 '윤리적 자본주의'의 가치를 정확히 이해하고 있기 때문이다.

✷ 이렇게 읽어보자!

이 책은 경제학 이론서라기보다 '인간의 본성과 욕망을 해부한 심리학' 책이라고 생각하면 좀 더 흥미진진하게 읽어나갈 수 있다. 자본주의의 바이블이라 불리는 이 책은 18세기에 쓰인 1,000쪽짜리 '벽돌책'이다. 만약 원서의 두께가 못내 부담스럽다면, 현대식 해설이 친절하게 덧붙여진 축약본이나 청소년을 위한 교양서 버전으로 도전해 보는 것도 나쁘지 않은 선택이다. 팁을 준다면, 『도덕감정론』과 함께 읽으면 스미스가 말하는 인간관과 시장관을 더 입체적으로 이해할 수 있다.

46.

『물 위를 절뚝거리며』

원서: Limping on Water
저자: 필 뷰스 (Phil Beuth, 1932~)

"가능한 한 소수의 최고 인재만을 고용해 최고의 대우를 해라.
그리고 윤리적인 기업 문화 속에서 그들에게 지분과 자율성을 쥐여준 뒤,
그저 믿고 내버려 두라."

오마하의 현인 워런 버핏이 "경영에 관해 내가 아는 대부분은 이 사람에게서 배웠다"며 평생의 스승으로 모시는 인물이 있다. 바로 전설적인 미디어 그룹 캡시티즈Capital Cities를 이끌었던 톰 머피Tom Murphy다. 그리고 여기, 1955년 뉴욕 알바니의 파산 직전 시골 방송국에서 톰 머피에게 고용된 '창립 멤버이자 1호 직원' 필 뷰스가 쓴 아주 생생하고 특별한 내부자 회고록이 있다.

책 제목인 『물 위를 절뚝거리며』에는 아주 깊은 은유가 담겨 있

다. 이는 뇌성마비로 인해 평생 다리를 절뚝거려야 했던 저자의 신체적 장애를 뜻하는 동시에, 위대한 리더십에 대한 날카로운 통찰을 품고 있다. 리더십이란 '물 위를 걷는 기적'을 부리는 완벽한 신의 영역이 아니라, 비록 절뚝거리고 흠이 있을지라도 흔들림 없이 원칙을 지키며 정직하게 진흙탕을 헤쳐 나가는 '진정성의 영역'이라는 것이다.

도대체 버핏은 왜 이토록 캡시티즈라는 기업에 열광했을까? 책을 펼치면 이들이 얼마나 지독하고 별난 방식으로 회사를 키웠는지 알 수 있다. 이들의 무기는 강박적일 만큼 철저한 '비용 통제Cost control'와 '극단적인 분권화Decentralization'였다. 창업 초기, 인건비를 아끼려 사장인 톰 머피와 1호 직원 필 뷰스가 직접 낡은 방송국 건물 외벽에 페인트칠을 했던 그 '짠돌이 정신'은 회사가 거대해진 후에도 변하지 않았다.

훗날 이들이 자신들보다 덩치가 10배나 큰 미국의 3대 방송망 ABC를 인수해 수만 명의 직원을 거느린 거대 미디어 제국이 되었을 때조차, 캡시티즈의 본사 직원은 고작 36명에 불과했다. 톰 머피와 댄 버크Dan Burke 콤비는 화려한 본사 건물이나 임원용 개인 비행기 같은 허례허식을 극도로 혐오했다. 대신 모든 권한과 책임을 현장 관리자에게 통째로 위임했고, 아무리 직급이 높은 임원이라도 출장 때는 예외 없이 이코노미석에 몸을 구겨 넣었다.

버핏은 이들의 조직 문화를 깊이 사랑했다. 본사에서 시시콜콜 감시하지 않아도 현장 관리자들이 알아서 비용을 아끼며 '주인처럼 일하는 정신', 그리고 '주주를 속이지 않는 정직함'이야말로 그 어떤 자극적인 방송 콘텐츠나 특허보다 강력한 기업의 해자라고 단언했다.

실제로 1985년, 미들급 기업 캡시티즈가 거대 공룡 ABC를 삼켜버리는 역사적인 인수전이 벌어졌을 때, 버핏은 이례적으로 5억 달러가 넘는 거액의 자금을 기꺼이 지원하며 이 '다윗과 골리앗의 싸움'에 든든한 우군이 되어주었다. 그는 훗날 이 책의 표지에 이런 헌사를 남겼다.

"캡시티즈는 놀라운 재무적 성과와 함께, 윤리적 기업 경영의 영원한 골드 스탠다드(절대 기준)로 남을 기업이다. 필 뷰스는 이 놀라운 이야기의 링사이드 좌석을 당신에게 제공한다."

수천억 원의 투자금을 받고도 방만한 경영과 유지비로 하루아침에 무너지는 기업들이 수두룩한 요즘이다. 거품이 꺼지고 생존 자체가 화두가 된 이 불확실성의 시대에, 캡시티즈의 낡은 회고록은 오히려 가장 날카롭고 세련된 생존 지침서가 된다.

당신이 리더라면 책을 읽은 후 '나는 조직의 군살을 빼고 직원을 온전히 믿고 있는가?'를 묻게 될 것이고, 투자자나 실무자라면 '불황에도 흔들리지 않는 진짜 기업의 가치란 무엇인가?'를 돌아보게 될 것이다. 위기가 닥칠수록 결국 최후에 살아남는 것은 투박할 정도로 철저한 '비용 통제'와 '정직'뿐임을, 이 책은 다시 한번 단호하게 말하고 있다.

『부의 복음』

원서: The Gospel of Wealth
저자: 앤드루 카네기 (Andrew Carnegie, 1835~1919)

"이렇게 막대한 부를 고스란히 끌어안고 죽는 사람은
불명예스럽게 죽는 것이다."

서점의 재테크 매대에는 '자식에게 세금 없이 증여하는 법', '부의 대물림' 같은 책들이 베스트셀러를 장식한다. 내 핏줄에게 부를 물려주는 것을 당연한 본능으로 여기는 이 자본주의 시대에, 무려 130여 년 전 미국에서 가장 돈이 많았던 한 자본가의 외침은 꽤 파격적이다. 19세기 산업혁명 시기, 천문학적인 부를 긁어모았던 '철강왕' 앤드루 카네기가 1889년에 발표한 고작 20쪽 남짓한 짧은 에세이, 『부의 복음』이 바로 그 주인공이다.

워런 버핏은 젊은 시절 이 짧은 글을 읽고 돈을 대하는 자신의 가치관을 완전히 새로 쓰게 되었다고 고백했다. 버핏에게 이 책은, 돈을 미친 듯이 벌어들이는 '축적의 기술' 못지않게 인생의 마지막에 그 돈을 어떻게 쓸 것인가 하는 '출구 전략'이 한 인간의 품격을 결정한다는 사실을 마음 깊이 새겨준 인생의 나침반이었다.

카네기의 철학은 명료하면서도 날카롭다. 그는 부자를 그저 운이 좋거나 똑똑해서 돈을 번 사람이 아니라, 더 나은 사회를 위해 그 부를 잠시 맡아 관리하고 순환시켜야 할 '신탁 관리인'으로 정의했다. 따라서 자식에게 막대한 유산을 물려주어 그들의 자립심을 망치거나, 죽은 뒤에야 마지못해 재산을 내놓는 것은 수치스러운 직무 유기라고 비판했다. "반드시 두 눈이 시퍼렇게(?) 살아있을 때 내 손으로 사회에 부를 환원하고 죽어야 한다"는 것이다. 오늘날 기업의 ESG 경영이나 재단 중심의 기부 문화는 모두 이 낡은 에세이에서 뻗어 나온 거대한 뿌리라 해도 과언이 아니다.

워런 버핏이 평생을 바쳐 굴린 천문학적인 자산을 소비하는 방식은 카네기 철학이 현실에서 어떻게 작동하는지 보여주는 가장 완벽한 예시다. 버핏은 2006년, 빌 게이츠와 함께 전 재산의 99%를 사회에 환원하겠다는 '기빙 플레지Giving Pledge' 운동을 시작했다. 그가 이 서약의 근거로 당당하게 인용한 문장 역시 "죽을 때까지 부를 움켜쥐는 것은 치욕"이라는 카네기의 선언이었다. 자식들에게는 "무언가를 할 수 있을 만큼만 물려주고, 아무것도 안 해도 될 만큼은 물려주지 않겠다"는 단호한 원칙 역시, 카네기가 강조했던 '부의 사회적 순환'이라는 거대한 시대적 사명과 깊은 궤를 같이한다.

✦ 이렇게 읽어보자!

이 짧고 강렬한 에세이는 평범한 월급쟁이와 투자자 모두에게 '돈의 진짜 목적'을 묻는다. (워낙 짧으니 주말 아침 커피 한 잔과 함께 단숨에 읽어 내려가도 좋다!)

돈을 버는 기술을 다룬 책은 차고 넘치지만, 돈을 '어떻게 쓸 것인가'를 묻는 책은 매우 드물다. 앞서 내게 '성공한 인생'이란 과연 무엇인지를 막연하게 고민해 왔다면, 이 책은 '책임 있게 번다는 것'과 '가치 있게 나눈다는 것'의 진짜 의미를 우리에게 되묻는다. 돈은 버는 것 못지않게 돈을 쓰는 방향 또한 그 사람의 그릇을 결정한다. 워런 버핏처럼 지치지 않고 자산을 굴리고, 불리고, 키워나가고 싶다면, 이번 기회에 흔들리지 않는 '돈에 대한 철학'부터 단단하게 세워보는 건 어떨까.

48.

『벤저민 프랭클린 자서전』

원서: The Autobiography of Benjamin Franklin
저자: 벤저민 프랭클린 (Benjamin Franklin, 1706~1790)

"인간의 행복은 어쩌다 찾아오는 거대한 행운보다는,
매일 일어나는 소소한 이점들이 쌓여 만들어진다."

주식 시장에서 단숨에 벼락부자가 되는 '마법의 공식'을 찾는 사람들에게, 워런 버핏과 찰리 멍거는 늘 전혀 다른 출발선을 가리킨다. 그들이 말하는 진짜 무기는 다름 아닌 '자기 통제력'이다. 그리고 이 두 거장이 인류 역사상 최고의 실용적 철학자이자 평생의 롤모델로 꼽기를 주저하지 않는 인물이 바로 벤저민 프랭클린이다.

17세 빈털터리 인쇄소 견습공으로 시작해 수백억 원대 자산가이자 발명가, 나아가 미국의 건국 아버지가 된 프랭클린. 우리의 흔한 오해와 달리, 프랭클린은 결코 타고난 천재나 무한 긍정주의자가 아니었다. 오히려 그는 인간이 얼마나 나약하고 유혹에 쉽게 흔들리는 존재인지 뼛속 깊이 알고 있었다. 그래서일까? 그는 일찍부터 지독할 정도로 정교한 '자기 관리 시스템'을 설계했다. 절제, 침묵, 질서, 근면, 검소 등 13가지 덕목을 수첩에 표로 빽빽하게 그려두고, 매일 밤 자신이 어떤 유혹에 넘어갔는지 가차 없이 체크하며 행동을 교정했다. 오늘날 다이어트나 투자를 위해 흔히 쓰는 '해빗 트래커Habit Tracker'를 무려 250년 전에 손으로 직접 그려가며 실천했다니, 그 집요함이 참으로 놀랍다. (성공한 이들의 성실함은 확실히 비범하다!)

수십조 원을 굴리는 버핏 또한 50년 넘게 같은 낡은 집에 살며 3달러짜리 맥도날드 햄버거로 아침을 때우고, 매일 8시간씩 홀로 사무실에 앉아 기업 보고서만 파고드는 기계적인 루틴을 가지고 있다. 그 단단한 일상 이면에는 '절제와 검소'라는 프랭클린식 미덕이 아주 깊게 뿌리내려 있다. 우리는 돈에만 복리가 붙는다고 생각하지만, 사실 복리는 일상의 습관에도 일어난다. 다시 말해 매일 지루하게 반복되는 좋은 습관이 언젠가 만기가 되는 예금 통장처럼 한 인간의 자산과 그릇을 더 키워내는 것이다. 벤저민 프랭클린과 워런 버핏, 이 두 거장은 그것을 삶 전체로 증명해 냈다.

자본 시장은 매일같이 인간의 탐욕과 공포를 시험하는 잔혹한 콜로세움이다. 일상의 아주 사소한 충동 하나 통제하지 못하고, 쓸데없는 지출에 지갑을 열며, 감정에 쉽게 휩쓸리는 사람이 어떻게 그 미쳐 돌아가는 주식 시장에서 이성을 유지할 수 있겠는가? 그러한 투자의 세계에 막 발을 들였거나, 요동치는 계좌 때문에 마음이 잔뜩 지쳐 있다면 당장 벤저민 프랭클린의 낡은 수첩을 펼쳐보자. 바로 이어지는 코너에 프랭클린의 13가지 덕목 실천표 예시와 활용법을 든든하게 챙겨두었으니, 이번 기회에 펄럭이는 내 투자 멘털과 습관부터 단단하게 다시 다져보길 권한다.

✦ 이렇게 읽어보자!

이 책은 그저 눈으로 끄덕이며 읽고 덮어버리면 아무 소용이 없다. 다음 페이지에 마련해 둔 '벤저민 프랭클린의 13가지 덕목 실천표'를 당장 오늘부터 나의 일상과 투자 루틴에 대입해 보는 것이 진짜 독법이다.

프랭클린의 방식은 아주 단순하면서도 강력하다. 한 번에 모든 것을 완벽하게 해내려 욕심내지 말고, 일주일에 딱 하나의 덕목에만 집중하는 것이다.

예를 들어, 1주 차 '절제' 기간에는 충동적인 뇌동매매나 감정적 지출을 철저히 막아보고, 2주 차 '침묵' 기간에는 주식 커뮤니티의 시끄러운 소음이나 타인의 수익률 자랑에 귀를 닫아보는 식이다.

 매일 밤 잠들기 전, 오늘 하루 나의 얄팍한 충동을 얼마나 잘 통제했는지 표에 냉정하게 기록해 보자. (다음 페이지를 참고하라!) 이 지독한 13주의 사이클이 한 번 끝날 때쯤이면, 요동치는 시장 앞에서도 절대 흔들리지 않는 튼튼한 '멘털 근육'이 생겨 있을 것이다.

벤저민 프랭클린의 13가지 덕목 실천표 예시

주차	이번 주 집중 덕목	덕목의 의미	오늘의 실천 점검 (월~일)	메모/느낀 점
1주차	절제(Temperance)	과음과 과식을 피하라		
2주차	침묵(Silence)	불필요한 말을 삼가라		
3주차	질서(Order)	일과 삶을 체계적으로 유지하라		
4주차	결단(Resolution)	결심한 일은 반드시 실행하라		
5주차	절약(Frugality)	아무것도 낭비하지 말라		
6주차	근면(Industry)	시간을 헛되이 쓰지 말라		
7주차	진실(Sincerity)	거짓 없이 진실하게 말하고 행동하라		
8주차	정의(Justice)	남에게 해를 끼치지 말라		
9주차	중용(Moderation)	극단을 피하고 균형을 지켜라		
10주차	청결(Cleanliness)	몸과 마음, 주변을 깨끗하게 하라		
11주차	평정(Tranquility)	사소한 일에 흔들리지 말라		
12주차	정결(Chastity)	절제된 관계와 마음을 유지하라		
13주차	겸손(Humility)	예수와 소크라테스를 본받으라		

49.

『월스트리트에 맞서라』

원서: Take on the Street
저자: 아서 레빗(Arthur Levitt, 1931~)

"증권사 애널리스트나 브로커가 당신의 이익을 최우선으로 챙겨줄 것이라는, 그 순진한 환상부터 당장 버려라."

유튜브의 인기 있는 주식 채널에서 찍어준 '확실한 텐배거(10배 수익) 종목'이나, 대형 증권사 애널리스트가 일제히 목표 주가를 올려 잡은 주식을 샀다가 계좌가 반토막 난 경험. 주식 시장에 발을 담근 사람이라면 누구나 한 번쯤 겪어본 적 있지 않을까? 도대체 우리는 왜 매번 '전문가'라는 사람들의 장밋빛 전망에 속아 고점에 물리고 마는 걸까?

1993년부터 2001년까지 역대 최장수 미국 증권거래위원회 위원장을 지내며 월스트리트의 민낯을 가장 깊숙한 곳에서 파헤친 아서 레빗은, 이 책을 통해 그 씁쓸한 질문에 대한 답을 가차 없이 폭로한다. 애초에 월스트리트라는 거대한 금융 시스템은 개미 투자자의 수익을 불려주기 위해 설계된 곳이 아니라는 것이다. 그곳은 펀드 매니저의 수수료, 기업 경영진의 스톡옵션, 증권사의 브로커리지(위탁매매) 수익을 짜내기 위해 움직이는 정교하고 거대한 '수수료 자판기'에 가깝다.

평생을 월스트리트의 탐욕과 결을 달리해 온 워런 버핏은 2002년 주주 서한에서 이 책을 직접 언급하며 "모든 투자자가 반드시 읽어야 할 탁월한 책"이라고 극찬했다. 버핏이 늘 입버릇처럼 "월스트리트는 투자자의 활동(잦은 매매)으로 돈을 벌지만, 투자자는 비활동(장기 보유)으로 돈을 번다"고 꼬집었던 문제의식이 레빗의 통찰과 완벽하게 맞아떨어졌기 때문이었다.

최근 증권사 리포트에 '매도Sell' 의견이 멸종된 이유는 무엇일까? 애널리스트가 기업의 눈치를 봐야만 그 회사의 투자은행IB 업무를 따낼 수 있는 노골적인 이해상충 때문이다. 경영진이 왜 무리하게 자사주를 매입하고 EBITDA(상각 전 영업이익)이라는 왜곡된 지표를 들이밀며 실적을 부풀릴까? 맞다. 주가가 올라야 자신들의 막대한 스톡옵션을 현금화할 수 있기 때문이다. 레빗은 월가가 결코 당신에게 알려주지 않는 이 은밀한 먹이사슬의 실체를 낱낱이 해부한다.

기업의 악재가 터지기 직전 임원들이 주식을 대량으로 팔아치우고, 테마주에 올라탄 개미들만 피눈물을 흘리는 일은 수십 년 전이나 지금이나 토씨 하나 다르지 않다. 그렇기에 이 책을 통해 우리는 정보의 비대칭이라는 기울어진 운동장에서, 평범한 개인 투자자가 거대한 금융 포식자들의 '호구'가 되지 않기 위해 반드시 알아야 할 원칙들을 배우고, 포식자들에게 당하지 않을 나만의 투자 원칙을 만들어가야 한다. (이것이 워런 버핏의 서재를 시간 내어 읽는 이유다!)

✦ 이렇게 읽어보자!

이 책을 월가의 탐욕에 분개하며 핏대를 세우는 데만 쓴다면 너무 아깝다. 가장 실용적인 독법은, 아서 레빗이 경고한 월스트리트의 '합법적 속임수'들을 나만의 '투자 방어 체크리스트'로 탈바꿈시키는 것이다.

누군가 입에 침을 튀기며 특정 주식이나 펀드를 추천할 때, 덜컥 매수 버튼을 누르기 전 이 책의 시선으로 질문을 던져보자. '이 추천으로 가장 큰 이득을 보는 사람은 누구인가?', '이 펀드가 앞세운 수익률 뒤에 숨겨

     제2부. 시장의 소음은 무시하라

진 진짜 운용 수수료와 숨은 비용은 얼마인가?', '재무제표의 숫자 대신, 구석에 조그맣게 달린 주석에 경영진이 숨겨둔 불리한 진실은 없는가?' 이런 촘촘한 의심의 렌즈를 장착하는 순간, 전문가들의 화려한 '말발'에 휘둘리던 팔랑 귀가 닫히고, 내 피 같은 돈을 지켜낼 단단한 투자자의 안목이 열릴 것이다.

6장

숫자 너머의 세계를 이해하는 법

: 인간, 문명, 시스템

"어떤 책은 답을 주지 않는다.
대신 더 나은 질문을 던질 뿐이다."

『바빌론 부자들의 돈 버는 지혜』

원서: The Richest Man in Babylon
저자: 조지 S. 클레이슨 (George S. Clason, 1874~1957)

"버는 돈의 10분의 1은
반드시 나 자신을 위해 남겨두어라."

레버리지 ETF가 난무하고 하루아침에 벼락부자가 되었다는 인증 샷이 SNS를 도배하는 시대. 이 눈 돌아가는 현대 자본주의 한복판에서, 무려 100년 전에 쓰인 고대 바빌론의 낡은 우화 한 편을 꺼내 드는 것은 좀 시시해 보일지 모른다. 하지만 주식 투자의 기술을 논하기 전, 평범한 사람이 부를 쌓기 위해 반드시 거쳐야 할 가장 위대한 원칙이 바로 이 책 안에 있다.

책의 주인공인 고대 바빌론 최고의 부자 아카드는 친구들에게 '얇은 지갑을 채우는 7가지 비결'을 전수한다. 그 첫 번째 비결은 너무나도 단순하다. "수입의 10분의 1은 무조건 먼저 저축하라"는 것이다. 이어서 '지출을 통제하라', '모은 돈을 굴려라', '위험으로부터 돈을 지켜라', '버는 능력을 키우라' 등 시대를 초월하는 돈의 섭리들이 옛날이야기처럼 흥미진진하게 펼쳐진다.

워런 버핏이 이 책의 구절을 직접 인용했다는 출처 불명의 명언들이 인터넷에 떠돌지만, 굳이 그의 입을 빌릴 필요도 없다. 버핏의 삶 자체가 바빌론의 법칙들이 살아 숨 쉬는 가장 완벽한 증거물이기 때문이다.

버핏은 10대 시절 신문 배달로 악착같이 모은 1,200달러를 그저 통장에 묵혀두지 않았다. 열다섯 살이 되자 그 돈으로 40에이커의 농지를 사서 소작농을 두며 새로운 수익원을 만들어냈다. 어린 시절부터 이미 '모은 돈을 굴려라'라는 바빌론의 원칙을 몸소 실천한 것이다.

또한, 책 후반부에 등장하는 '황금의 5가지 법칙' 중 하나인 "자신이 잘 모르는 사업이나 사기꾼의 달콤한 유혹에 투자하는 자는 황금을 지킬 수 없다"는 대목을 보자. 이는 평생 자신이 잘 아는 '능력

   제2부. 시장의 소음은 무시하라

범위’ 안에서만 안전하게 투자하고, 실체 없는 유행이나 거품을 철저히 배격해 온 버핏의 제1원칙과 정확히 맞닿아 있다! 그는 복잡한 재무제표 분석법을 익히기 훨씬 전부터, 돈을 다루는 이 단단한 ‘재무 습관’의 그릇부터 완성했던 것이다.

죽을 때까지 해야 하는 것이 바로 투자다. 한탕 하고 빠지자, 라는 태도로는 결국 부를 지키지도, 불리지도 못한다. 자, 그럼 매일 차트만 들여다보고 있는 당신, 무엇부터 해야 할지 감이 오지 않는가?

✺ 이렇게 읽어보자!

이 책은 침대 머리맡에 두고 위인전 읽듯 끄덕이며 넘기기엔 너무나 아까운 ‘실전 재무 매뉴얼’이다. 지금 당장 ‘얇은 지갑을 채우는 7가지 비결’과 ‘황금의 5가지 법칙’을 내 통장 내역에 대입해 보자. 예를 들어, 월급이 들어오면 카드값이 빠져나가기 전 10%를 먼저 떼어두고 있는지, 잘 모르는 테마주나 코인에 내 소중한 돈을 밀어 넣고 있지 않은지 말이다.

복잡한 차트 분석이나 기업의 재무제표를 공부하는 것은 그다음 문제다. 내 안의 얄팍한 소비 통제력을 기르고, 부를 다룰 수 있는 ‘자격’을 갖춘 사람이 되는 것. 이것이 100년 넘은 낡은 우화가 흔들리는 현대 투자자들에게 던지는 제1의 과제다.

51.

『생각에 관한 생각』

원서: Thinking, Fast and Slow
저자: 대니얼 카너먼 (Daniel Kahneman, 1934~2024)

주식 창을 열고 매수 버튼을 누르기 직전, 우리는 스스로를 아주 냉철하고 합리적인 투자자라고 믿는다. 나름대로 차트를 분석하고, 호재 뉴스를 챙겨 읽고, 치밀한 논리까지 세웠으니까. 하지만 노벨 경제학상을 받은 천재 심리학자 대니얼 카너먼은 이 책에서 그것이 우리의 그 오만한 착각이라고 말한다.

카너먼은 인간의 사고가 2가지 시스템으로 작동한다고 설명하는데, 하나는 직관적이고 감정적인 '시스템 1(빠른 생각)'이고, 다른 하나는 논리적이고 의식적인 '시스템 2(느린 생각)'다. 그렇다. 비극은

제2부. 시장의 소음은 무시하라

여기서 시작된다.

우리의 뇌는 태생이 에너지를 쓰는 것을 싫어하기 때문에, 복잡한 투자 결정을 내릴 때조차 은근슬쩍 '시스템 1'에 운전대를 넘겨버린다. 여기서 무서운 건, 이성적인 척하는 '시스템 2'가 그저 감정이 내린 충동적인 결정을 그럴싸한 논리로 포장해 주는 변호사 역할로 전락해 버린다는 점이다. 우리가 이미 사버린 주식에 대해 좋은 뉴스만 미친 듯이 검색하며 안도하는 '확증 편향'이 바로 그 명백한 증거다.

책을 읽다 보면 우리가 얼마나 일상적으로 뇌의 속임수에 당하고 있는지 깨닫게 된다. 당신이 당신 자신을 속이고 있던 것이다. 예컨대, 과거의 최고점 주가를 마음속 기준점으로 삼아버리는 '정박 효과Anchoring' 때문에 기업의 가치가 박살 난 -70%짜리 주식을 "싸다"며 줍는다. 또한, 이익을 얻는 기쁨보다 잃는 고통을 두 배 더 끔찍하게 느끼는 '손실 회피Loss Aversion' 본능 때문에, +5% 수익 난 우량주는 불안해서 덥석 팔아버리면서 -50%가 된 종목은 (손실을 확정 짓기 싫어) '비자발적 장기 투자'로 질질 끌고 간다.

워런 버핏의 영혼의 단짝, 찰리 멍거는 이 행동경제학의 통찰을 평생의 무기로 삼았다. 앞서 잠시 언급했던 그가 투자 실패를 피하기 위해 만든 그 유명한 '인간의 오판 심리학The Psychology of Human Misjudgment'은 사실상 카너먼의 연구를 투자 세계로 고스란히 옮겨 온 것이다. 버핏과 멍거가 입을 모아 "투자자에게 가장 위험한 것은 지식의 부족이 아니라 맹목적인 확신"이라고 경고하는 이유도 바로 여기에 있다. 내 안의 '시스템 1'이 저지르는 인지적 착각을 스스로 의심하고 통제하지 못한다면, 제아무리 천재라 불리는 사람일지라도 시장의 변동성 앞에서는 결국 파산을 피할 수 없다는 것을 뼛속 깊이 인지하고 있었기 때문이다. 주식 투자를 믿음의 영역에서 해서는 안 된다는 뜻이다.

✦ 이렇게 읽어보자!

이 유명한 인지과학 교양서를 어떻게 잘 활용할 수 있을까? '투자력'을 높이는 데는 비단 재테크, 경제경영 도서만 도움이 되는 것이 아니다. 이 책은 내 계좌를 갉아먹는 '내 안의 바보(편향)'를 색출해 내는 가장 강력한 무기가 될 수 있다.

HTS(홈트레이딩시스템)나 주식 앱을 켜두고 중대한 매매 결정을 내리기 직전, 카너먼의 질문을 떠올리자. "나는 지금 직관과 공포에 휩쓸린 '빠른 생각'으로 버튼을 누르려 하는가, 아니면 충분한 데이터를 근거로 한

'느린 생각'으로 기업을 사려고 하는가?"

답이 나왔는가? 자, '내 선택이 100% 합리적'이라고 굳게 믿어지는 바로 그 순간이야말로, 당신이 이미 편향의 함정에 깊숙이 빠져있다는 가장 확실한 증거다. 급박하게 돌아가는 뉴스, 요동치는 시장에서 당신의 원금을 지키고 싶다면, 이 책을 모니터 옆에 두고 '투자 멘털 방어용 체크리스트'로 활용해 보는 건 어떨까?

『문명의 붕괴』

원서: Collapse
저자: 재레드 다이아몬드 (Jared Diamond, 1937~)

"나는 스스로에게 묻곤 한다. 이스터섬의 마지막 야자수를 베어 넘긴 사람은 도대체 무슨 생각을 하며 그 나무를 벤 것일까?"

'절대 망하지 않을 것'이라 굳게 믿었던 초우량 기업이 하루아침에 파산 보호 신청을 하는 광경을 우리는 심심치 않게 목격한다. (만약 그 종목을 가지고 있던 사람은 눈뜨고 악몽을 꾸는 기분일 것이고!) 그리고 흥미롭게도, 영원할 것 같던 거대한 제국이 잿더미로 변하는 역사 속 비극과 철옹성 같던 1등 기업이 무너지는 과정은, 놀랍도록 닮아 있다. 세계적인 석학 재레드 다이아몬드의 『문명의 붕괴』는 바로 그 '멸망의 시그널'을 집요하게 추적한 책이다.

다이아몬드는 "왜 어떤 사회는 살아남고, 어떤 사회는 사라지는가?"라는 본질적인 질문을 우리에게 던진다. 그가 꼽은 멸망의 가장 치명적인 원인은 기후 변화나 외부의 적이 아니다. 바로 위기 앞에서의 '사회의 대응 방식(집단적 맹목)'이다.

이스터섬 주민들은 거대한 모아이 석상을 세우기 위해 섬의 숲이 황폐해지는 것을 뻔히 보면서도 마지막 남은 한 그루의 야자수마저 베어버렸다. 배를 만들 나무가 없어 바다로 나가지 못한 그들은 결국 식량난 속에 스스로 공멸했다. 그린란드의 바이킹들 역시 기후가 추워지는 절박한 상황 속에서도, 극한의 환경에서 살아남은 이누이트족의 생존법을 "야만스럽다"며 끝끝내 거부했다. 알량한 '유럽식 정체성'을 지키려다 굶어 죽는 쪽을 택한 것이다.

워런 버핏이 경영진을 평가할 때 한 분기의 적자보다 훨씬 더 두려워하는 것이 바로 이 지점이다. 시대의 변화와 붕괴의 징후를 애써 외면하고, 과거의 성공 공식(석상 세우기, 유럽식 정체성)에만 맹목적으로 집착하는 엘리트들의 '오만함' 말이다.

당장의 단기 실적이나 주가 부양을 위해 미래의 먹거리인 R&D(연구개발) 비용을 싹둑 삭감해 버리는 CEO의 모습은, 눈앞의 석상을 위해 이스터섬의 마지막 나무를 베어버린 원주민과 정확히 겹친다. 워런 버핏이 (그리고 찰리 멍거가) 결코 무너지지 않을 튼튼한 해자를 가진 기업을 찾기 위해, 재무제표의 숫자 이전에 이 거대한 인류학 역사를 곁에 두는 이유가 바로 여기에 있다. 우리 역시 이 책을 통해 기업과 산업의 흥망성쇠를 꿰뚫어 보는 거시적인 안목을 기른다면, 장기적으로 결코 붕괴하지 않는 나만의 단단한 '부의 시스템'을 구축할 수 있을 것이다.

✦ 이렇게 읽어보자!

다이아몬드가 제시한 '문명 붕괴의 5단계 프레임워크'를 현재 내가 투자하고 있는 기업, 혹은 나의 투자 포트폴리오에 냉정하게 대입해 보자. 거창하게 분석할 것도 없다. "내가 산 이 회사의 경영진은 지금 시장의 어떤 위험 신호를 애써 무시하고 있는가?"; "내가 절대 버리지 못하는 알량한 '투자 고집'이 오히려 나의 계좌를 갉아먹고 있지는 않은가?"

위의 질문이야말로 장기적인 가치 투자를 위한 것들이다. 그리고 이 질문에 답을 찾는 과정은 다가올 시장의 위기 속에서 내 계좌가 (이스터섬처럼 공멸하지 않고) 살아남게 해줄 (혹은 계속 사고팔며 계좌가 녹는 것을 방지하는) 가장 확실한 생존 키트가 되어줄 것이다.

53.

『세속의 철학자들』

원서: The Worldly Philosophers
저자: 로버트 L. 하일브로너 (Robert L. Heilbroner, 1919~2005)

"그들은 인간의 마음을 빚어내고 뒤흔들었다."

미국의 관세 정책 한 줄에 주가가 출렁이고, 정부의 발표 한 번에 소외받던 주식들이 요동치는 시대다. 스마트폰 위로 전 세계의 거시 경제 지표가 쉴 새 없이 쏟아진다. 이처럼 모든 것이 실시간으로 소비되는 시장에서, 굳이 수백 년 전 흙먼지 날리던 시대를 살다 간 사상가들의 흔적을 파헤쳐야 할 이유가 있을까?

워런 버핏은 "내일의 금리 향방은 아무도 모른다"며 단기적인 거시 경제 지표를 예측하는 일에는 늘 선을 그었다. 하지만 그것이 자본주의라는 거대한 생태계의 작동 원리조차 외면했다는 뜻은 아니다. 버핏은 매일 변하는 시장의 '날씨' 대신, 변하지 않는 경제의 '기후'를 읽어낸다. 그 기후의 밑그림을 그린 이들이 바로 로버트 하일브로너의 『세속의 철학자들』에 등장하는 사상가들이다.

버핏의 영혼의 단짝 찰리 멍거 또한 '세속적 지혜'를 투자자의 가장 강력한 무기로 꼽았는데, 이는 결국 이 위대한 거장들의 서재에서 길어 올린 생각의 틀이라 할 수 있다. 하일브로너의 책은 경제학을 논하는 난해한 수학 공식 대신 핀 공장에서 보이지 않는 손을 발견한 애덤 스미스의 통찰, 산업혁명의 어두운 그림자 속에서 자본주의의 위기를 경고한 마르크스의 혜안, 대공황의 절망 앞에서 국가의 개입이라는 구명줄을 던진 케인스의 치열한 고뇌를 생생하게 추적한다. (저자 하일브로너의 탁월함은 경제학을 '수학'이 아닌 '인문학'으로 되돌려 놓았다는 데 있다!) 그렇게 시대적 위기 속에서 사상가들이 빚어낸 사유의 궤적을 따라가다 보면, 자본주의가 어떻게 붕괴를 피하고 스스로를 증명해 왔는지 그 묵직한 본질과 마주하게 된다.

재무제표라는 좁은 우물에 갇히지 않으려면 이처럼 시대를 관통하는 다양한 프레임이 필요하다. 예컨대 조지프 슘페터의 문장에서 '창조적 파괴'의 역사를 짚어본 사람의 눈에는 시장의 풍경이 다르

                              제2부. 시장의 소음은 무시하라

게 보인다. 모두가 새로운 기술의 화려함에 시선을 빼앗길 때, 그는 필연적으로 도태될 산업의 그림자를 조용히 가늠한다. 폭락장이 닥쳤을 때도 마찬가지다. 케인스의 고뇌에서 국가의 역할과 개입의 당위성을 읽어낸 자는 시장의 공포에 쉽게 휩쓸리지 않는다. 이들에게 고전은 죽은 학자의 활자가 아니다. 불확실성 속에서도 침착하게 시장에 대응할 수 있도록 자신만의 기준을 지탱해 주는 단단한 뿌리다. 즉 '경제'라는 언어로 인간의 선택과 행동을 해석하려는 모든 이들에게, 투자 방식의 첫 좌표를 제시하는 것이다.

✦ 이렇게 읽어보자!

독자들은 이 책이 제시하는 다채로운 프레임을 통해 지금의 시장을 입체적으로 해부할 수 있다. 무엇보다 각 경제학자가 세상을 바라보던 고유한 방법론 중 자신의 투자 기질에 맞는 것을 골라 실전의 무기로 벼려낼 수 있다. 예컨대 거시적인 사이클을 타는 투자자라면 케인스의 렌즈를 빌려와 정부 정책과 금리 인하가 빚어낼 파급력을 미리 가늠해 볼 수 있다. 반면 개별 기업의 성장에 베팅하는 투자자라면, 슘페터의 시각을 가져와 내가 투자한 기업이 '창조적 파괴'를 이끄는 주체인지 도태될 낡은 산업인지 판별하는 잣대로 삼는 식이다. 고전 속 거장들의 사유를 나만의 방식으로 정제하고 조합할 때, 서재의 지식은 비로소 변화된 일상으로 치환된다.

54.

『총, 균, 쇠』

원서: Guns, Germs, and Steel
저자: 재레드 다이아몬드 (Jared Diamond, 1937~)

워런 버핏은 기업을 분석할 때나 사회 구조를 판단할 때 단편적인 숫자보다 '맥락'을 먼저 살핀다. 그리고 그 거대한 맥락을 꿰뚫어 보는 책으로 그가 높이 평가한 것이 바로 재레드 다이아몬드의 대표작, 『총, 균, 쇠』다. 이 책은 '왜 어떤 민족은 부유하고 강한 문명을 세운 반면, 다른 민족은 그렇지 못했는가?'라는 단 하나의 질문에서 출발한다.

이 질문에 답하기 위해, 다이아몬드는 그 원인을 경제나 정치가 아닌, '지리적 환경'과 '생물학적 운'이라는 근본 조건에서 찾는다.

그의 가장 유명한 통찰은 '대륙 축' 이론이다.

유라시아는 동서東西로 길게 뻗어 있어 기후대가 비슷하다. 덕분에 비옥한 초승달 지대에서 발생한 작물(밀, 보리)과 가축(소, 말)이 중국에서 유럽까지 수천 킬로미터를 빠르게 전파될 수 있었다. 반면 아메리카 대륙은 남북으로 길게 뻗어 있어, 기후대가 완전히 다르다. 멕시코의 옥수수는 안데스 산맥이나 북미 동해안으로 전파되기 극히 어려웠다.

이러한 농업 생산력의 압도적인 차이가 이후 문명의 향방을 좌우했다. 식량 생산에 여유가 생긴 유라시아 사회는 잉여 생산물 덕분에 관료·군인·기술자와 같은 비농업 전문가 집단이 형성될 수 있었다. 이 전문화가 바로 복잡한 정치 체제와 금속 기술, 즉 '총과 쇠'를 탄생시킨 배경이다.

동시에, 유라시아인들은 수천 년간 가축과 밀접하게 생활하며 동물에게서 유래한 치명적인 '병원균(천연두, 홍역 등)'을 얻었고, 기나긴 시간을 거치며 그에 대한 면역력을 갖추게 되었다. 이 '균'은 면역력이 전혀 없던 아메리카 원주민 인구의 90퍼센트 이상을 죽음에 이르게 하여, '총'보다 훨씬 치명적인 무기가 되었다. 결국, 특정 민족이 우월해서가 아니라, 단지 농업과 가축화에 유리한 '환경'을 우연히 선점했기에 문명 발달에 필요한 '총, 균, 쇠'를 모두 손에 쥐게 되었다는 것이다.

버핏이 이 책에 주목한 이유는, 이 거대한 '구조적 통찰'이 자신의 투자 철학과 맞닿아 있기 때문이다. 그가 '난소 복권ovarian lottery'이라 부르는 '운의 역할'-나는 미국이라는 환경에서 태어났기에 성공했다-은, 개인의 우월함이 아닌 환경의 힘을 강조한 다이아몬드의 결론과 정확히 일치한다. 버핏이 기업을 볼 때 제품(사람)보다 '해자'(환경/구조)를 먼저 보는 이유도 여기에 있다. 뛰어난 선장이 이끄는 낡은 배보다, 평범한 선장이 타도 순항할 수 있는 견고한 배(구조적 독점력)에 올라타는 것이 장기적으로 훨씬 안전하고 확실한 수익을 빚어낸다는 것이다. (이것이 그의 핵심 투자 원칙이다!)

결국 『총, 균, 쇠』는 그 대체 불가능한 경제적 해자가 시간과 공간 속에서 어떻게 축적되는지를 보여주는 매우 거시적인 답이라 할 수 있다.

 **이렇게 읽어보자!**

『총, 균, 쇠』는 방대한 분량과 거대한 스케일로 인해 자칫 역사적 사실의 나열로만 읽히기 쉽다. 버핏처럼 이 책을 읽는 가장 실용적인 독법은, 이 책의 프레임을 '현대 산업 지도'에 적용해 보는 것이다.

예를 들어, '왜 어떤 산업(예를 들면 반도체)은 특정 지역(예를 들어 동아시아)에서 발달했는가?' 혹은 '저 기업의 강력한 해자는 제품 때문인가, 아니면 지리적, 제도적 환경(총, 균, 쇠) 때문인가?'를 질문하며 읽는 것이다.

이 책은 단기적 통찰이 아닌 거대한 사고의 프레임을 제공한다. 버핏이 이 책을 높이 평가한 이유는, 그 프레임이야말로 시장의 단기적인 소음을 걸러내고 '지속 가능한 구조'를 파악하는 가장 강력한 도구이기 때문이다. 이 책은 성공의 기술이 아니라, 세계를 이해하는 교양의 축이며, 버핏은 그 교양이야말로 오래 살아남는 투자의 진짜 경쟁력이라 믿었다.

『슈독』

원서: Shoe Dog
저자: 필 나이트 (Phil Knight, 1938~)

수십 개의 자회사와 수십만 명의 직원을 거느린 거대 제국, 버크셔 해서웨이. 하지만 오마하 본사의 직원은 고작 20여 명뿐이다. 이 기형적일 만큼 '슬림한 조직'이 어떻게 세계 경제를 흔드는 것일까?

답은 의외로 간단하다. 버핏은 '통제'하지 않는다. 대신 완벽하게 믿을 수 있는 사람을 고르고, 그에게 권한을 통째로 넘긴다. 보고서를 쌓아두고 세세하게 개입하는 대신, 그가 결과를 가져올 때까지 묵묵히 기다린다. 사람을 믿는 것, 그리고 그 믿음이 결과가 되어 돌아오게 만드는 것. 이것이 버핏의 경영 철학의 정수다.

이 철학을 가장 뜨겁게 증명하는 책이 있다. 버핏이 "지난해 읽은 최고의 책"이라 극찬한 나이키 창업자 필 나이트의 자서전 『슈독』이다. 빌 게이츠 역시 이 책을 두고 "성공한 CEO들이 절대 드러내지 않는 밑바닥까지 가감 없이 털어놓았다"며 추천사를 보냈다.

1962년, 갓 대학을 졸업한 스물네 살의 필 나이트는 아버지에게 빌린 50달러를 들고 무작정 일본으로 날아갔다. 낡은 자동차 트렁크에 운동화를 싣고 팔던 이 보잘것없는 시작에 '결함투성이' 동료들이 모여들었다. 하반신 마비가 된 전직 육상 선수, 줄담배를 피우는 뚱뚱한 회계사, 거구의 변호사까지.

그들은 스스로를 '버트페이스Buttfaces(멍청이들)'라 불렀다. 회의실에선 나이트를 포함해 누구라도 조롱의 대상이 될 수 있었고, 어떤 아이디어도 비판에서 자유롭지 못했다. 하지만 그 격의 없는 난타전이 혁신의 진짜 연료가 되었다.

나이트의 리더십은 정통 경영학과는 거리가 멀었다. 그는 동료들을 감시하는 대신 전적으로 믿었으니까.

"스스로 하도록, 실수도 스스로 하도록 내버려뒀다. 내가 늘 그런 대우를 받고 싶었던 것처럼."

지시하는 대신 믿고, 간섭하는 대신 기다리는 것. 이 본능적인 원칙은 버핏이 수십 년간 실천해온 '위임의 철학'과 정확히 맞닿아 있다. 버핏이 이 책에서 본 것은, 사람을 옥죄는 대신 전폭적인 자유를 줄 때, 인간이 어디까지 나아갈 수 있는지에 대한 '살아 있는' 증거였다.

✸ 이렇게 읽어보자!

딱딱한 경영 수업에 지쳤다면, 숨 막히는 청춘 소설을 읽듯 이 책을 펼쳐보자. 파산 직전의 절망과 배신, 법정 싸움 속에서도 끝내 무너지지 않는 나이키의 심장 소리가 들릴 것이다.(Just Do It!)

그리고 책을 덮은 뒤 잠시 당신의 사무실을 돌아보자. 혹시 동료의 방식이 미덥지 않아 사사건건 개입하고 있지는 않은가? 믿고 맡겨야 할 사람에게 여전히 빽빽한 보고서만 요구하고 있지는 않은가?

버핏과 나이트가 증명했듯, 누군가의 잠재력을 깨우는 가장 강력한 힘은 철저한 통제가 아니라 완벽한 신뢰다. 그리고 그 신뢰는 언제나 먼저 손을 내미는 사람의 몫임을 기억하자.

『뮤추얼 펀드 상식』

원서: Common Sense on Mutual Funds
저자: 존 C. 보글 (John C. Bogle, 1929~2019)

월스트리트의 번쩍이는 유리 빌딩들이 누구의 돈으로 세워졌는지 궁금하다면 이 책을 펼쳐야 한다. 뱅가드 그룹의 창립자 존 보글은 이 책을 통해 투자 업계가 꽁꽁 숨겨온 '비용의 비밀'을 낱낱이 공개했는데, 워런 버핏은 이 책에 담긴 보글의 통찰을 두고 "명쾌하고, 정직하며, 모든 투자자가 읽어야 할 필독서"라며 극찬했다.

이 책의 핵심은 단순하고 잔인하다. 보글은 우리가 펀드매니저에게 지불하는 1~2%의 수수료가 복리의 마법을 만나는 순간, 내 노후 자금의 절반을 집어삼키는 '복리의 저주'로 변한다고 경고한다. 시장을 이기겠다는 전문가들의 호기로운 약속 뒤에는 잦은 매매 비용과 높은 보수라는 덫이 놓여 있다는 것이다. 보글은 이를 '잔인한 산수의 법칙'이라 부르며, 투자자가 승리하는 유일한 길은 '비용을 극단적으로 낮추는 것'뿐이라고 단언한다.

여기서 흥미로운 장면이 등장한다. 세계 최고의 전문 투자가인 워런 버핏이 정작 자신의 가족에게는 "전문가를 고용하지 마라"라고 당부한 사실이다. 버핏은 자신의 유언장에 "내가 죽으면 재산의 90%를 S&P500 인덱스 펀드에 투자하라"고 명시했다. 이는 운용 보수가 거의 제로에 가까운 인덱스 펀드가 장기적으로는 그 어떤 똑똑한 펀드매니저보다 큰 수익을 가져다준다는 사실을 버핏이 가장 잘 알고 있다는 걸 보여주는 단적인 예가 아닐까.

결국 버핏이 이 책을 통해 우리에게 이야기하고 싶은 건, 건초더미 속에서 바늘 찾느라 전문가에게 비싼 수수료를 들이지 말고, 건초더미(시장 전체)를 통째로 사서 비용을 아끼라는 것이다. 즉 시장의 소음에 일희일비하지 않고 '저비용'이라는 가장 강력한 해자를 내 계좌에 구축하는 것, 그것이 버핏이 존 보글에게 배운 가장 실전적인 지혜다.

지금 당장 스마트폰 뱅킹 앱을 켜서 내가 가입한 펀드의 '총 수수료'란을 확인해 보자. 무심코 지나쳤던 그 작은 숫자의 구체적인 금액을 마주하면 분명 깜짝 놀랄 것이다. 투자의 고수들이 수익률만큼이나 수수료에 집착하는 이유는, 그것이 내 통제권 안에 있는 유일한 '확정 수익'이기 때문이다.

"수익은 불확실하지만, 비용은 확실하다"는 보글의 문장은 우리에게 명확한 기준을 제시한다. 즉 전문가의 말보다는 비용의 실체를 보고, 시장의 장기적인 성장에 몸을 맡기는 '침착한 투자'를 시작하라는 뜻이다. 내 계좌에서 조용히 빠져나가는 1%의 수수료가 때로는 폭락장보다 더 무서운 적임을 깨닫는 순간, 당신도 비로소 '절대 잃지 않는 투자'의 길에 진입하게 된다.

『이성적 낙관주의자』

원서: The Rational Optimist
저자: 맷 리들리 (Matt Ridley, 1958~)

"무작위적 폭력이 뉴스가 되는 것은 그것이 매우 드물기 때문이고,
일상적인 친절함이 뉴스가 되지 않는 것은
그것이 매우 일반적이기 때문이다."

워런 버핏의 투자 인생을 한 단어로 요약하면 '낙관'이다. 하지만 그의 낙관은 "다 잘될 거야" 같은 막연한 희망 사항이 아니다. 수만 년의 인류사와 방대한 데이터를 훑어본 뒤 내린, 차갑고도 정교한 '이성적 확신'이다. 버핏은 실제로 "미국의 앞날을 비관하는 것은 역사상 가장 큰 실수를 저지르는 것"이라며 리들리의 통찰에 힘을 실어주었다. 인류가 직면한 문제보다 그것을 해결해 나가는 '집단 지성의 힘'이 언제나 더 강력하다는 사실을 투자의 대전제로 삼는 것이다.

왠지 모르게 자극적인 비관론은 지적이고 매력적으로 보이곤 한다. 반면 낙관론은 그에 비해 세상 물정 모르는 순진한 소리처럼 들린다. 뭘 몰라서 하는 소리 같달까? 하지만 저자 리들리는 실상은 전혀 그렇지 않음을 명확하게 보여준다. 인류가 역사상 가장 풍요롭고 건강한 시대를 살고 있는 이유는 인간이 문제를 만드는 존재인 동시에, 교환과 협력을 통해 그것을 기어코 해결해 내는 놀라운 존재이기 때문이다.

버핏이 애플이나 코카콜라 같은 기업에 전 재산을 던질 수 있는 배짱도 이 지점에서 나온다. 코카콜라는 전 세계를 하나로 잇는 거대한 '교환의 그물망'을, 애플은 인류의 지능이 응집된 '혁신의 도구'를 상징하기 때문이다. (물론 최근에는 애플의 혁신 속도나 밸류에이션을 냉정하게 재평가했는지 보유 물량의 상당수를 매도하며 '이성적 낙관주의'가 결코 '맹목적 보유'가 아님을 몸소 보여주었다!)

버핏은 개별 주식의 차트를 보기 전에, 인류의 지능과 자본이 결합해 만들어내는 '회복의 관성'을 먼저 읽는다. 2008년 금융위기로 세상이 끝날 것처럼 비명 지를 때도 버핏은 침착했다. 그는 쓰나미처럼 몰려오는 눈앞의 파도에 겁을 먹는 대신, 인류가 더 나은 도구를 만들고 더 넓게 연결될수록 세상은 결국 전진한다는 사실을 믿었다.

우리는 매일 아침 "전쟁이 터졌다", "경제가 곧 망한다"는 공포 섞인 뉴스를 마주한다. 그러나 투자는 결국 인류의 '문제 해결 능력'에 베팅하는 일이다. 리들리가 강조하듯 인류는 서로의 아이디어를 섞고, 협력하며, 이전보다 더 거대한 부를 창출해 왔다. 이 진보의 패턴을 신뢰하는 사람만이, 시장이 공포에 질려 마구 투매가 일어날 때 흔들리지 않고 거인의 어깨 위에 올라탈 수 있음을 기억하자.

✴ 이렇게 읽어보자!

우리의 뇌는 생존을 위해 나쁜 소식에 10배 더 민감하게 반응하도록 진화했다. 그래서 비관론은 늘 섹시해 보이고, 낙관론은 멍청해 보이기 마련이다. 하지만 부의 역사는 언제나 공포를 파는 비관론자가 아니라, 인간의 가능성을 산 낙관론자들의 손을 들어주었다. 만약 당신이 하락장에서 불안해 잠을 이루지 못하고 있다면, 이 책을 펼쳐 수만 년 동안 인류가 어떻게 절망을 딛고 풍요를 일궈냈는지 확인해 보자!

58.

『플루타르코스 영웅전』

원서: Parallel Lives
저자: 플루타르코스 (Plutarch, 46~120)

"인간의 성격은 그들의 행위를 결정하고,
그 행위는 역사를 만든다."

워런 버핏이 '살아 있는 전설'로 불리는 이유는 그가 숫자를 잘 계산해서가 아니다. 버핏은 평생에 걸쳐 '인간 본성'을 탐구해 온 집요한 관찰자다. 그런 그가 "성공한 사람보다 실패한 사람의 이야기에서 더 많이 배운다"고 말할 때 항상 곁에 두는 책이 바로 『플루타르코스 영웅전』이다.

이 책은 고대 그리스와 로마의 인물들을 1:1로 매칭해 비교하는 독특한 형식을 취한다. 하지만 위대한 업적을 칭송하는 흔한 위인전

이 아니고, 오히려 권력의 정점에서 스스로 무너진 사람, 탐욕에 눈 멀어 동료를 배신한 사람 등 인간의 밑바닥을 가감 없이 보여주는 일종의 '인간 본성에 대한 보고서'에 가깝다. 버핏은 이 책을 통해 "아무리 똑똑한 사람이라도 성격Character에 결함이 있으면 결국 파멸한다"는 냉혹한 진리를 배웠다.

실제로 버핏은 인재를 뽑거나 기업을 인수할 때 "지능과 에너지가 아무리 뛰어나도 정직함Integrity이 없다면 그 2가지가 당신을 망칠 것"이라고 경고한다. 그는 CEO를 평가할 때 재무제표보다 "위기의 순간에 이 사람이 어떤 선택을 할 것인가?"라는 사람의 결을 먼저 본다. 수천억 원의 횡령이나 분식회계 사건의 주인공들이 비상한 두뇌를 가졌음에도 몰락하는 이유는, 결정적인 순간에 '양심'이라는 브레이크가 작동하지 않았기 때문이다. (플루타르코스가 2천 년 전 기록한 영웅들의 몰락 사유와 오늘날 뉴스에 나오는 기업인들의 파멸 과정은 놀랍도록 비슷하다!)

버핏이 최첨단 금융 데이터 대신 이 낡은 고전을 뒤적이는 이유는 인간의 본성은 '유행'을 타지 않기 때문이다. 기술은 광속으로 변하지만, 유혹 앞에 흔들리고 권력 앞에 비굴해지는 인간의 마음은 2천 년

전이나 지금이나 한 치도 다르지 않다. 버핏은 카이사르의 독재에 타협하지 않고 죽음을 택한 카토를 보며 원칙의 숭고함을 배웠고, 브루투스의 고뇌를 통해 인간관계의 복잡함을 읽어냈다. 수천 년의 세월을 견디고 살아남은 문장들에는 가벼운 재테크 서적은 결코 흉내 낼 수 없는 '인간에 대한 통찰'이 압축되어 있다.

🧭 이렇게 읽어보자!

이 책을 읽는 가장 실용적인 방법은 책 속 인물들과 나 자신을 끊임없이 비교해 보는 것이다. "나라면 저 유혹의 순간에 저런 선택을 했을까?", "나에게는 위기를 돌파할 단단한 도덕적 습관이 있는가?"라고 자문하는 습관은 약한 내면을 단단하게 다지는 길이다. 요즘처럼 정보가 넘쳐나는 시대에 우리가 진짜 길을 잃는 이유는 지식이 부족해서가 아니라, 내면이 흔들리기 때문이다. 버핏처럼 이 책을 사람 읽는 '연습장'으로 활용해 보는 것도 방법이다. 타인의 실패를 거울삼아 나의 원칙을 점검하는 훈련을 반복하다 보면, 더 이상 흔들리지 않고 단단히 서 있는 자신을 발견할 수 있을 것이다. 투자의 기술을 익히기 전에 내 마음의 그릇부터 확인하는 것, 그것이 바로 플루타르코스가 현대의 투자자들에게 건네는 가장 절실한 조언이라 할 수 있다.

59.

『가난한 리처드의 달력』

원서: Poor Richard's Almanack
저자: 벤저민 프랭클린 (Benjamin Franklin, 1706~1790)

**"일찍 자고 일찍 일어나면,
건강하고 부유하며 현명해진다."**

세계 최고의 부자 워런 버핏은 지금도 아침마다 맥도날드에서 할인 쿠폰을 내밀고, 낡은 자동차를 직접 운전하며 출근한다. 누군가는 이를 평범한 구두쇠의 집착이라 보겠지만, 사실 그의 지갑 속에는 300년 전 벤저민 프랭클린이 심어놓은 '자립의 철학'이 깃들어 있다. 버핏은 프랭클린이 1732년부터 발행한 이 농사 달력을 두고 "가장 짧은 투자서이자 가장 깊은 인생서"라 부르며 자신의 삶을 그 격언들에 맞추어 꾸려갔다.

이 책은 원래 날씨와 농사 정보를 전하던 잡지였으나, 여백마다 채워진 프랭클린의 촌철살인 격언들이 시대를 초월한 고전이 되었다. 버크셔의 두 거장이 이 책에서 발견한 핵심은 '복리의 마법은 돈이 아니라 습관에서 시작된다'는 진리다. "한 푼 아낀 것은 한 푼 번 것"이라는 프랭클린의 말은 그들에게 절약을 넘어, 자산의 기초를 다지는 '기회비용'의 개념을 가르쳤다.

버핏이 주주 서한을 쓸 때도 프랭클린 특유의 뼈 때리는 재치와 풍자를 스승으로 삼는다. 복잡한 금융 수식 뒤에 숨어 투자자를 기만하는 월스트리트의 언어 대신, "신용은 돈보다 낫다"거나 "빈 자루는 스스로 설 수 없다"는 식의 명료한 비유를 택한 것이다. 버핏이 수십 년간 전 세계 투자자들의 마음을 사로잡는 글을 쓸 수 있었던 비결은, 프랭클린의 문장들이 가진 '사람의 생각을 바꾸고 삶을 움직이는 힘'을 본인만의 유머로 완벽히 소화한 덕분이기도 하다.

버핏은 프랭클린의 짧은 격언 한 줄이 어떻게 좋은 습관을 만들고, 그 습관이 어떻게 인생의 복리로 불어나 거대한 부를 이루는지를 자신의 전 생애를 통해 몸소 증명해 보였다. (그에게 이 책은 고전이라는 말조차 부족한 '생활 지침서'로 보인다.) 이처럼 수백 년 전의 낡은

달력이 오늘날 오마하의 현인을 만든 가장 강력한 '성공 매뉴얼'이
되었듯, 시간이 된다면 꼭 한번 읽어보길 바란다. 인생의 가장 응축
된 실용 철학을 만날 수 있는 기회가 될 테니 말이다.

✨ 이렇게 읽어보자!

거창한 투자 기법을 공부하기 전에, 침대 머리맡에 두고 매일 한 구절씩
꺼내어 '이번 주의 실천 과제'로 삼아보자.
 예를 들어, "너 자신을 이겨라. 그러면 세상은 이미 이긴 셈이다"라는
문장을 골랐다면, 일주일간 내가 정한 루틴을 얼마나 철저히 지켰는지
점검해 보는 식이다. 버핏이 이 책을 '생활 성경'이라 부른 이유는 짧은
격언 한 줄이 습관을 만들고, 그 습관이 인생 전체를 결정한다는 원리를
꿰뚫어 보았기 때문이다. 투자의 성패는 결국 '나 자신을 얼마나 통제할
수 있는가'에 달려 있다.

60.

『스노볼』

원서: The Snowball
저자: 앨리스 슈뢰더 (Alice Schroeder, 1956~)

"인생은 눈덩이와 같다.
중요한 것은 눈을 찾아 아주 긴 언덕을 굴러 내려가는 것이다."

드디어 워런 버핏의 서재에서 뽑아낸 마지막 책을 펼쳤다. 버핏은 평소 내가 죽은 뒤에나 나올 법한 부끄러운 이야기까지 다 털어놓았다고 고백할 만큼, 5년간 자신의 영혼을 탈탈 털어 이 자서전 『스노볼』을 완성했다.

버핏이 말하는 '스노볼'은 단순한 통장 잔고가 아니다. 그는 "나는 아주 일찍부터 눈덩이를 뭉치기 시작했다"며, "만약 내가 남들보다 10년만 늦게 시작했더라면 지금쯤 언덕 아주 낮은 곳에서 쩔쩔매고 있었을 것"이라고 시간의 무서움을 강조한다. 앞서 소개한 59권의 책에서 건져 올린 안전마진, 경제적 해자, 인간 본성, 이성적 낙관 같은 키워드들은 따로 놀지 않는다. 이 파편 같은 생각들이 버핏이라는 거대한 언덕 위에서 시간과 버무려져 단단한 눈덩이로 뭉쳐진 것이다.

이 책의 백미는 성숙한 투자자의 모습 뒤에 가려져 우리가 미처 발견하지 못했던 인간 워런 버핏의 서툰 모습들이다. 그는 어린 시절 어머니의 차가운 시선에 상처받아 숫자의 세계로 도망쳤던 소년이었다. 버핏은 세상 사람들이 다 손가락질해도 나 스스로 떳떳하다면 당신은 어느 쪽을 택하겠는가라고 묻는다. 남의 눈치를 보는 외부 기준 대신 자신만의 정직한 잣대인 내면 기준을 세운 것은, 어쩌면 외로웠던 소년이 차가운 세상에서 살아남기 위해 선택한 필사적인 생존 전략이었을지도 모른다.

그의 이런 독특한 내면의 결은 그의 복잡한 사생활에서도 입체적으로 드러난다. 아내 수지가 자신의 꿈을 찾아 떠난 뒤에도 두 사람은 이혼 대신 평생의 동반자로 남는 길을 택했다. 더욱 흥미로운 것은 수지가 홀로 남을 남편을 걱정해 친구 애스트리드를 직접 소개해 주었다는 점이다. 세 사람은 수십 년간 워런, 수지, 애스트리드라고 공동 서명한 크리스마스카드를 함께 보냈다.

세상의 시선으로 보면 기이할지 모르나, 이는 타인의 비난보다 자신들만의 방식으로 관계의 균형과 신뢰를 지켜내려 한 버핏식 '내면 기준'의 정점이었다. 버핏은 훗날 이 관계를 수지가 나를 하나의 인간으로 만들어주었고 애스트리드는 내가 그 인간으로 살아가도록 지켜주었다는 한 문장으로 요약했다.

결국 『스노볼』은 버핏이 자신의 약점과 상처, 그리고 사회성 부족이라는 결핍을 어떻게 스스로 극복하고, 그것을 어떻게 동력 삼아 독보적인 삶의 궤적을 그려냈는지를 보여주는 기록이다.

✺ 이렇게 읽어보자!

이제 60권의 대장정을 마칠 시간이다. 다시 한번 전체 서재의 핵심 단어들을 떠올려보자. 가치, 심리, 습관, 낙관 등 현명한 투자자의 냉철함으로 중심을 잡고, 데일 카네기 인간관계론의 따뜻함으로 사람을 얻으며, 가난한 리처드의 달력 속 성실함으로 하루를 채울 때 비로소 무너지지 않는 나만의 인생 눈덩이가 만들어진다.

버핏은 말한다. "지식은 복리처럼 쌓인다"고. 누구나 할 수 있지만 실제로 하는 사람은 적은 것이 '매일 독서'다. 60권의 지도를 손에 쥔 당신에게 필요한 건 더 똑똑한 머리가 아니라, 지금 당장 작은 눈덩이라도 뭉쳐

언덕 아래로 굴려보는 용기와 실천이다. 이 여정에서 얻은 투박한 깨달음들이 당신의 마음속에서 복리로 불어나 먼 훗날 당신만의 위대한 '스노볼'로 거듭나길 빈다.

이제 당신의 서재에서
'인생의 복리'를 시작할 시간

지금까지 60권의 책장을 넘기며 오마하의 현인이 평생에 걸쳐 쌓아온 사고의 궤적을 함께 걸어왔다. 세기의 천재라 불리는 일론 머스크가 미지의 세계를 정복하기 위해 끊임없이 외연을 넓힐 때, 버핏은 고전과 역사, 그리고 인간 본성의 밑바닥까지 파고 들며 꾸준히, 그리고 성실하게 흔들리지 않는 원칙을 쌓아 올렸다. 그리고 화려한 로켓의 발사보다 무서운 것이, 매일 조금씩 쌓여 어느덧 태산이 된 복리의 눈덩이라는 사실을 그는 자신의 삶으로 증명했다.

변동성이 일상이 된 지금 같은 시대에 '원칙'은 더 이상 선택이 아닌 생존의 문제다. 인공지능이 숫자를 계산하고 알고리즘이 매매를 대신할지라도, 결국 어떤 가치를 선택하고 어떤 유혹을 견딜 것인가라는 최종 결정은 인간의 기질, 즉 원칙에서 나오기 때문이다. 버핏이 60권의 책을 통해 우리에게 건넨 3가지 열쇠인 경제적 해자, 안전마진, 그리고 흔들리지 않는 기질은 비단 주식 시장뿐만 아니라 우리 인생 전체를 지켜줄 또다른 부의 지도다.

이제 이 책을 덮는 당신에게 묻고 싶다. 당신의 서재에는 어떤 원칙이 꽂혀 있는가? 거창한 성공 계획이나 복잡한 투자 기법, 난해한 철학의 말이 아니어도 좋다. 버핏이 강조했듯, 위대한 원칙은 의외로 아주 사소한 생활 습관에서 시작되니까.

'지식은 복리처럼 쌓인다'는 그의 말은 매일 책을 몇백 페이지씩 읽어야 한다는 뜻이 아니다. 오늘 당장 스마트폰을 내려놓고 단 10분이라도 나만의 생각을 정리하는 시간을 갖는 것, 남들이 '예'라고 할 때 '아니오'라고 말할 수 있는 내면의 기준을 세우는 것, 그것이 바로 당신만의 '스노볼'을 굴리기 위한 '첫 번째 눈'이다.

초보 투자자라면 손실을 방어하는 법부터, 기존 투자자라면 자신의 기질을 다스리는 법부터, 그리고 인생을 바꾸고 싶은 이라면 매

 에필로그

일 아침의 루틴부터 시작해 보길 권한다. 하루 30분, 아니 딱 10분이라도 좋다. 그 작은 시간이 모여 당신의 안목을 키우고, 그 안목이 습관이 되며, 결국 그 습관이 당신의 부를 복리로 불려줄 것이다.

이 책은 여기서 끝나지만, 당신만의 원칙으로 채워갈 부의 서재는 바로 오늘부터 시작이다. 어제보다 아주 조금 더 단단해진 당신의 오늘이 훗날 아무도 흉내 낼 수 없는 당신만의 원칙이 되고, 당신만의 부의 시스템이 되어, 마침내 멋진 인생의 결실로 맺히길 진심으로 응원한다.

참고 문헌

1. One Thousand Ways to Make $1000, F.C. Minaker
   Source Context: "Mentioned in his official biography The Snowball as a book he read at age 7."
   Referenced in Manuscript: Used to illustrate Buffett's early entrepreneurial mindset and the origins of his business ideas.

2. Reminiscences of a Stock Operator, Edwin Lefèvre
   Source Context: "Widely recognized as a core text for Buffett's investment wisdom, along with Benjamin Graham's works."
   Referenced in Manuscript: Used to analyze the psychological aspects of market speculation and herd behavior.

3. The Money Game, 'Adam Smith' (George Goodman)
   Source Context: "The book's author wrote about his meeting with Buffett, and their philosophies are deeply linked."
   Referenced in Manuscript: Cited to dissect the internal psychology of Wall Street and market dynamics.

4. The Little Book of Common Sense Investing, John C. Bogle
   Source Context: "If a statue is ever erected to honor the person who has done the most for American investors, the hands-down choice should be Jack Bogle." — Berkshire Hathaway Annual Shareholder Letter, 2016
   Referenced in Manuscript: Used to advocate for index fund investing and the 'low-cost' advantage.

5. Common Stocks and Uncommon Profits, Philip Fisher

Source Context: "Buffett said he is 'overwhelmingly in sync' with Phil Fisher's ideas." — CNBC Interview

Referenced in Manuscript: Applied to explain the 'Scuttlebutt' method and qualitative business growth analysis.

6. The Most Important Thing, Howard Marks

Source Context: "Known to align with Buffett's investment philosophy, and praised by Buffett in various contexts."

Referenced in Manuscript: Used to discuss market cycles and the importance of second-level thinking.

7. The Intelligent Investor, Benjamin Graham

Source Context: "The Intelligent Investor is by far the best book about investing ever written." — Berkshire Hathaway Annual Shareholder Letter, 2012

Referenced in Manuscript: Cited as the 'bible' of value investing, focusing on Chapters 8 and 20.

8. Security Analysis, Benjamin Graham & David Dodd

Source Context: "I read the 1940 edition at least four times." — Foreword to the 1940 edition of Security Analysis

Referenced in Manuscript: Used as the foundational textbook for calculating intrinsic value and 'Margin of Safety'.

9. The Interpretation of Financial Statements, Benjamin Graham & Spencer B. Meredith

Source Context: "Written by Buffett's mentor, Benjamin Graham, as a foundational guide to reading corporate financial reports."

Referenced in Manuscript: Utilized as the primary historical guide to interpreting balance sheets through the classic value investing lens.

10. Business Adventures, John Brooks

    Source Context: "The best business book I've ever read." —
    Recommended to Bill Gates and mentioned on Gates' blog

    Referenced in Manuscript: Used to highlight the human elements and
    timeless nature of corporate challenges.

11. The Outsiders, William Thorndike

    Source Context: "I recommend The Outsiders by William Thorndike...
    about 8 CEOs who excelled at capital allocation." — Berkshire
    Hathaway Annual Shareholder Letter, 2012

    Referenced in Manuscript: Used to define the crucial role of a CEO as
    an 'expert capital allocator'.

12. Poor Charlie's Almanack, Edited by Peter Kaufman

    Source Context: "Munger's advice is 'the most practical tool for
    training one's depth of thought.'"

    Referenced in Manuscript: Used to introduce the concept of 'Mental
    Models' and multidisciplinary thinking.

13. Jack: Straight from the Gut, Jack Welch

    Source Context: "The greatest manager in the world." — Quote on
    cover/foreword

    Referenced in Manuscript: Cited to analyze GE's leadership style and
    the pursuit of operational excellence.

14. A Piece of the Action, Joe Nocera

    Source Context: "The book's themes align with his philosophy, and
    it's a known read on his list."

    Referenced in Manuscript: Used to provide historical context on the financialization of the American middle class.

15. Sam Walton: Made in America, Sam Walton

Source Context: "Buffett praised Sam Walton as a 'field-oriented leader' and the book for 'smelling of the field.'"

Referenced in Manuscript: Cited to illustrate the power of low-cost operations and field-centric leadership.

16. Barbarians at the Gate, Bryan Burrough & John Helyar

Source Context: "Buffett said, 'Remember RJR and Barbarians at the Gate?'" — Ansarada article

Referenced in Manuscript: Used to examine the 1980s LBO era and corporate governance failures.

17. Stress Test, Timothy Geithner

Source Context: "Buffett praised this book... as 'the most honest memoir.'" — Berkshire Hathaway Annual Shareholder Letter, 2014

Referenced in Manuscript: Cited for its insights into financial crises and the 'lender of last resort' concept.

18. The Clash of the Cultures, John C. Bogle

Source Context: "Recommended by Buffett." — Berkshire Hathaway Annual Shareholder Letter, 2012

Referenced in Manuscript: Used to discuss the conflict between long-term investment and short-term speculation.

19. Irrational Exuberance, Robert Shiller

Source Context: "Known to have influenced his thinking on herd mentality and market bubbles."

Referenced in Manuscript: Applied to explain the mechanics of asset price bubbles and market sentiment.

20. The Great Crash 1929, John Kenneth Galbraith

Source Context: "Recommended by Buffett as a 'wonderful book' on investor psychology during a crash."

Referenced in Manuscript: Cited as a historical warning against speculative excess and market euphoria.

21. Extraordinary Popular Delusions and the Madness of Crowds, Charles Mackay

Source Context: "Buffett often refers to crowd psychology and speculative bubbles··· echoing Mackay's observations."

Referenced in Manuscript: Used to contextualize historical manias like the Tulip Mania and South Sea Bubble.

22. The Crowd, Gustave Le Bon

Source Context: "This book's themes align with Buffett's core philosophy on market sentiment."

Referenced in Manuscript: Analyzed to explain the 'groupthink' that drives irrational market behavior.

23. Against the Gods, Peter Bernstein

Source Context: "He called it a book that 'most clearly explains the concept of risk.'"

Referenced in Manuscript: Applied to understand the mathematical and historical evolution of risk management.

24. The Ten Commandments for Business Failure, Donald R. Keough

Source Context: "I prefer studying failure to success... Keough's book is a must-read." — Foreword by Warren Buffett

Referenced in Manuscript: Used to analyze the 10 behavioral traps that destroy businesses, highlighting Buffett's focus on avoiding failure to protect the margin of safety.

25. The Birth of Plenty, William Bernstein

    Source Context: "It helped him understand the fundamental conditions for the creation of wealth."

    Referenced in Manuscript: Used to analyze the institutional factors (property rights, capital markets) that foster prosperity.

26. Economics in One Lesson, Henry Hazlitt

    Source Context: "A foundational classic for understanding opportunity cost and the 'unseen' consequences of capital allocation, aligning with Buffett's rigorous economic logic."

    Referenced in Manuscript: Cited to explain the 'seen vs. unseen' effects in economic policy and capital distribution.

27. How to Lie with Statistics, Darrell Huff

    Source Context: "Buffett said, 'Any investor strong with numbers must read this book first.'"

    Referenced in Manuscript: Applied to warn against the manipulation of financial data and misleading charts.

28. Superforecasting, Philip Tetlock

    Source Context: "Illustrates the scientific proof behind Buffett's skepticism of Wall Street macroeconomic predictions and the importance of probabilistic thinking."

    Referenced in Manuscript: Used to discuss probabilistic thinking and avoiding cognitive biases in prediction.

29. Where Are the Customers' Yachts?, Fred Schwed

    Source Context: "The most witty book ever written about investing."

    — Berkshire Hathaway Annual Shareholder Letter, 2006

Referenced in Manuscript: Cited to illustrate the irony and hidden costs within the financial industry.

30. Essays in Persuasion, John Maynard Keynes

Source Context: "Reading Keynes will make you smarter about securities and markets." — Outstanding Investor Digest, 1989

Referenced in Manuscript: Used to explore the intersection of macroeconomics and investor intelligence.

31. A Plain English Handbook, SEC (Foreword by Warren Buffett)

Source Context: "Write with a specific person in mind... I pretend that I'm talking to my sisters." — Foreword by Warren Buffett

Referenced in Manuscript: Used to analyze Buffett's clear, jargon-free communication in shareholder letters and his philosophy on transparency.

32. Keeping At It, Paul Volcker

Source Context: "Buffett praised Paul Volcker's integrity; aligns with his principles on ethical leadership."

Referenced in Manuscript: Cited as a model for moral courage in economic policy and central banking.

33. How to Win Friends and Influence People, Dale Carnegie

Source Context: "Buffett credited Dale Carnegie's course and book for changing his life."

Referenced in Manuscript: Used to explain Buffett's transition from a shy investor to a public leader.

34. Influence: The Psychology of Persuasion, Robert Cialdini

Source Context: "Charlie Munger frequently cites Cialdini's work on psychological triggers and even gifted him Berkshire stock in appreciation."

Referenced in Manuscript: Applied to explain 'Social Proof' and 'Authority' in marketing and investing.

35. Team of Rivals, Doris Kearns Goodwin

Source Context: "Buffett named this as one of his favorite books on leadership and history."

Referenced in Manuscript: Cited to illustrate Lincoln's inclusive leadership and strategic empathy.

36. Tap Dancing to Work, Carol Loomis

Source Context: "Buffett endorsed this Fortune anthology (Foreword, 2012)."

Referenced in Manuscript: Used as a historical record of Buffett's investment logic over 50 years.

37. How to Stop Worrying and Start Living, Dale Carnegie

Source Context: "Buffett praised Dale Carnegie's book as life-changing in various interviews."

Referenced in Manuscript: Cited to discuss mental health and resilience in the face of market volatility.

38. The Elements of Style, Strunk & White

Source Context: "Buffett recommended it as a must-read for clear, concise writing."

Referenced in Manuscript: Used to demonstrate the power of clarity and brevity in professional writing.

39. The Essays of Warren Buffett, Lawrence Cunningham

Source Context: "Buffett approved and praised this compilation of his shareholder letters."

Referenced in Manuscript: Cited as the primary source for Buffett's own articulation of his principles.

40. Self-Reliance, Ralph Waldo Emerson

Source Context: "Buffett admired Emerson's call for independence of thought (Inner Scorecard)."

Referenced in Manuscript: Applied to illustrate the 'Inner Scorecard' vs. 'Outer Scorecard' philosophy.

41. The Art of Worldly Wisdom, Baltasar Gracián

Source Context: "A classic valued by Berkshire's leaders, especially Charlie Munger, for timeless lessons on prudence and rational behavior."

Referenced in Manuscript: Cited for its practical aphorisms on navigating complex social and business environments.

42. Meditations, Marcus Aurelius

Source Context: "Charlie Munger appreciated Aurelius's stoic lessons on humility and discipline, shaping Berkshire's emotional stability."

Referenced in Manuscript: Used to analyze the Stoic roots of Berkshire's emotional stability and rational decision-making.

43. The Bible

Source Context: "Frequently cited by Buffett as a moral and ethical foundation."

Referenced in Manuscript: Cited as a source of ethical parables and the 'Golden Rule' in business.

44. Nuclear Terrorism, Graham Allison

Source Context: "Buffett warned of catastrophic risks using Allison's arguments." — 2004 Shareholder Letter

Referenced in Manuscript: Used to discuss 'tail risks' and the ultimate existential threats to humanity.

45. The Wealth of Nations, Adam Smith

Source Context: "Adam Smith's principles deeply influenced Buffett's view of markets and incentives."

Referenced in Manuscript: Used in business model analysis and advocacy for open markets.

46. Limping on Water, Phil Beuth

Source Context: "Buffett admired this book for its story of resilience." — 2015 Annual Report

Referenced in Manuscript: Cited to illustrate corporate culture at Cap Cities/ABC.

47. The Gospel of Wealth, Andrew Carnegie

Source Context: "Carnegie's philanthropy manifesto shaped Buffett's Giving Pledge."

Referenced in Manuscript: Used to analyze the philosophy of returning wealth to society.

48. The Autobiography of Benjamin Franklin, Benjamin Franklin

Source Context: "Charlie Munger praised Franklin as his ultimate role model in worldly wisdom, embedding this ethos into Berkshire."

Referenced in Manuscript: Cited to show the connection between personal frugality and investment success.

49. Take on the Street, Arthur Levitt

Source Context: "Buffett strongly recommended Levitt's book as essential for individual investors."

Referenced in Manuscript: Used to highlight the importance of transparency and investor protection.

50. The Richest Man in Babylon, George S. Clason

Source Context: "Buffett admired its parables on thrift and saving."

Referenced in Manuscript: Used to teach the basic principles of wealth accumulation and compound interest.

51. Thinking, Fast and Slow, Daniel Kahneman

Source Context: "Buffett praised Kahneman's insights into behavioral biases."

Referenced in Manuscript: Applied to explain 'System 1' vs. 'System 2' thinking in investment decisions.

52. Collapse, Jared Diamond

Source Context: "Buffett recommended Diamond's book alongside Guns, Germs, and Steel."

Referenced in Manuscript: Used to discuss environmental and societal factors in the longevity of systems.

53. The Worldly Philosophers, Robert Heilbroner

Source Context: "Frequently cited in Buffett's reading lists for economic history."

Referenced in Manuscript: Cited to provide a historical overview of the great economic thinkers.

54. Guns, Germs, and Steel, Jared Diamond

Source Context: "Buffett said this book gave him deep insights into history and economics."

Referenced in Manuscript: Used to understand the broad geographic and environmental drivers of history.

55. Shoe Dog, Phil Knight

Source Context: "The best book I read last year was Shoe Dog, by Nike's Phil Knight." — Berkshire Hathaway Annual Shareholder Letter, 2016

Referenced in Manuscript: Cited to illustrate the power of absolute delegation, autonomy, and trust in management, reflecting Berkshire Hathaway's core corporate culture.

56. Common Sense on Mutual Funds, John C. Bogle

Source Context: "Buffett admired Bogle's advocacy for low-cost index investing (2014 Letter)."

Referenced in Manuscript: Used as a technical guide to the benefits of indexing over active management.

57. The Rational Optimist, Matt Ridley

Source Context: "Buffett referred to Ridley's optimism about human progress with approval."

Referenced in Manuscript: Applied to explain the 'American Tailwind' and long-term economic optimism.

58. Parallel Lives, Plutarch

Source Context: "Buffett drew on Plutarch's lessons on leadership and character."

Referenced in Manuscript: Cited to explore the impact of individual character on historical outcomes.

59. Poor Richard's Almanack, Benjamin Franklin

Source Context: "Charlie Munger intensely admired Franklin's aphorisms and firmly embedded them into Berkshire Hathaway's corporate culture."

Referenced in Manuscript: Used to introduce practical wisdom on time management and social intelligence.

60. The Snowball, Alice Schroeder

Source Context: "The authorized biography of Buffett, frequently cited by him directly."

Referenced in Manuscript: Utilized as the primary biographical source for facts and personal life anecdotes.

워런 버핏의 서재

초판 1쇄 인쇄 2026년 4월 10일
초판 1쇄 발행 2026년 4월 20일

지은이 휴먼라이브러리랩
발행인 강선영·조민정
디자인 강수진
펴낸곳 (주)앵글북스

주소 서울시 종로구 사직로8길 34 경희궁의 아침 3단지 오피스텔 407호
문의전화 02-6261-2015 **팩스** 02-6367-2020
메일 contact.anglebooks@gmail.com

ISBN 979-11-94451-38-9 03320